Alguien habló de nosotros

ALGUIEN HABLÓ
DE NOSOTROS

IRENE VALLEJO

El papel utilizado para la impresión de este libro ha sido fabricado a partir de madera
procedente de bosques y plantaciones gestionadas con los más altos estándares ambientales,
garantizando una explotación de los recursos sostenible con el medio ambiente y beneficiosa para las personas.

Alguien habló de nosotros

Primera edición en Penguin Random House: febrero, 2023

D. R. © 2017, Irene Vallejo Moreu
D. R. © Casanovas & Lynch Agencia Literaria, S. L.
Calle Balmes, 209, 5° 2ª, 08006, Barcelona, España

D. R. © 2023, derechos de edición para Latinoamérica y Norteamérica en lengua castellana:
Penguin Random House Grupo Editorial, S. A. de C. V.
Blvd. Miguel de Cervantes Saavedra núm. 301, 1er piso,
colonia Granada, alcaldía Miguel Hidalgo, C. P. 11520,
Ciudad de México

penguinlibros.com

ISBN: 978-607-382-623-5

Impreso en México – *Printed in Mexico*

A los profesores de Humanidades,
que, en la estela de Ulises,
nos protegen de los lotófagos y el olvido

En el principio

Recordemos los difíciles comienzos. Para el recién nacido que una vez fuimos, hasta las habilidades más sencillas reclamaban agotadores esfuerzos. La bicicleta de nuestra infancia nos lanzó muchas veces al suelo antes de poder domesticarla. Cuando nos enamoramos por primera vez, la timidez paralizaba los gestos y las palabras, y nos faltaba el valor siquiera para aproximarnos. Al iniciarnos en un nuevo trabajo, las menores tareas parecían cuestas empinadas o laderas resbaladizas.

El principio es el territorio de la torpeza y del miedo, aunque también el campo de batalla donde se expresa con más fuerza el ímpetu de vivir. El poeta romano Horacio lo sabía, pues tuvo que reconstruir su vida desde los cimientos. Su padre, nacido esclavo, trabajó duramente para dar una sólida educación a su hijo. Los estudios, gran esperanza de su padre, llevaron a Horacio de Roma a Atenas. Allí alcanzaron al prometedor joven las tempestades históricas, trastocando sus sueños. Conoció a Bruto, asesino de César, y, en un arrebato, decidió unirse a sus tropas. La guerra terminó en derrota desastrosa. Cuando regresó a Roma con el estigma del bando perdedor, habían confiscado su hacienda. Humillado, con las alas cortadas, Horacio luchó por sobreponerse a la dolorosa sensación de fracaso, al rechazo y sus fantasmas, al quién te ha visto y quién te ve, y acabó convirtiéndose en un poeta célebre. En esa andadura, aprendió que dar los primeros pasos es siempre lo más duro y condensó su experiencia en un verso esperanzador: "El que empieza está ya a medio camino".

La escuela del ocio

No olvidaré mi primer día de colegio. En el camino de ida, dándome la mano, mi querida tata María me advirtió: "Vendrás aquí todos los días. Aunque llueva, aunque nieve, aunque sople el viento y tengas frío". Me imaginé a mí misma desafiando tormentas y vendavales. Me asusté. Su voz sonaba dura, al igual que mis padres al decir: "Tengo trabajo", y eso significaba que no podíamos jugar juntos. El colegio era un deber, y además te mandaban deberes.

Años después me sorprendió descubrir que la palabra escuela viene del griego *scholé*, que significa "ocio". Los griegos pensaban que las horas de estudio son tiempo de recreo para uno mismo, frente al trabajo, que te pone al servicio de un amo o del dinero. Aristóteles escribió: "En el principio de toda buena acción está el ocio", o sea, la educación y la cultura. El filósofo Sócrates fue un gran ocioso del pensamiento. Merodeaba por el ágora y las calles, tratando de convencer a los atenienses para que interrumpieran sus tareas y se demorasen en conversaciones. Encarnaba un ideal antiguo: dedicar el tiempo libre a la amistad, al diálogo entre el maestro y sus discípulos y a la discusión intelectual. Cubiertas las necesidades básicas de la vida, la siguiente conquista social es el aprendizaje y el saber. Esta es la lección de los griegos: la escuela, aunque sea obligatoria, nos hace libres.

Amor platónico

Desear lo inalcanzable y construir fantasías suelen ser ingredientes del amor. Cuando son su único alimento, hablamos de una clase especial de amor, el platónico. Pero en realidad Platón nunca se ocupó del amor no correspondido o imposible, que perdura en el tiempo en forma de ideal intacto. ¿Cómo explica el filósofo nuestros enamoramientos?

Todo empieza en la Llanura de la Verdad, más allá de nuestro cielo. Allí desfilan los dioses en perfectas órbitas circulares. Les sigue un cortejo de almas aladas sin cuerpo que montan carros tirados por dos caballos. Los dioses avanzan con armonía, pero las almas presentan un inconfundible comportamiento humano: intentan adelantarse con sus carros las unas a las otras, chocan y se golpean. Algunas caen a la Tierra con las alas rotas. Entonces las envuelve un cuerpo y nacen a la vida como niños sin memoria. Algún día, cada persona encuentra a alguien que le deslumbra, recordándole el mundo radiante de donde proviene. El enamorado mira la hermosa imagen terrestre y siente una fuerza cálida que bulle en su interior mientras los muñones del alma cosquillean y sus alas pugnan por volver a crecer. Como en el carro celeste, dos caballos tiran del alma. Uno de ellos es negro y se resiste a las riendas, arrastrado por la fascinación erótica. El otro, blanco y dócil, tiembla ante el amado. El temperamento de los dos caballos es la razón de nuestra lucha interior entre el impulso y la timidez, entre la urgencia del deseo y la espera que inmoviliza. Según Platón, el amor es ese difícil equilibrio equino.

Prisa y pausa

En un mundo que nos pide a gritos carácter emprendedor, audacia, simpatía arrolladora y empuje, los introvertidos y los tímidos parecen haber perdido la carrera del éxito social en la misma línea de salida. Debido a la mentalidad imperante, muchas personas —incluso en colegios, en institutos y en la vida laboral— se interesan solo por la exuberancia de una personalidad atrevida que promete dotes de liderazgo. Los niños y adultos contemplativos, en cambio, parecen merecer menor atención o, en todo caso, para ayudarles a triunfar se les aconseja rapidez, decisión y pensar menos.

Quienes hablan así desean vivir en la furia permanente de la acción y creen perder el tiempo cuando sus ocupaciones no llevan la marca angustiosa de la prisa. Olvidan que los hallazgos científicos, las invenciones y las ideas que han edificado nuestra forma de vivir requerían tranquilidad y reflexión en solitario. La soledad y la pausa son el hábitat del pensamiento. El filósofo Pascal escribió que muchos infortunios del hombre vienen precisamente de no saber estar sentado tranquilamente, solo, en una habitación. Y, antes que él, los sabios de la Antigüedad aconsejaban buscar felicidad en la quietud, donde se disipan los errores del acelerado vivir cotidiano. Los audaces necesitan el contrapeso de gentes reflexivas: hace falta reivindicar que el mundo es mejor de lo que podría ser gracias también a personas tímidas y pausadas que no tenían dotes de mando, pero que fueron capaces de dar sentido a su soledad. Pensar es hoy más que nunca un oasis humano en los desiertos de la prisa.

Sin medias tintas

En buena medida, el mundo es tan desconcertante y asombroso porque nosotros somos contradictorios. Sabemos lo que nos conviene, pero hacemos locuras. Amamos la sinceridad, pero mentimos. Somos generosos con algunas personas, pero no con otras que lo necesitan más. Queremos vivir libres, pero nos obsesiona ser admitidos en el grupo. Nos concienciamos con algunas causas, pero permanecemos indiferentes ante otras. Nuestra complejidad hace que la vida salga de los raíles previsibles y, ante la incertidumbre permanente, encontramos tranquilidad en las afirmaciones sin matices. Desde siempre, los discursos maniqueos ofrecen seguridad, al reducir la realidad a dos categorías, de forma que, si no perteneces a una de ellas, necesariamente te incluyes en la otra: bien o mal, verdad o mentira, civilización o barbarie, éxito o fracaso, conmigo o contra mí.

El término *maniqueísmo* remonta a una antigua religión que entremezcló elementos tomados de la doctrina cristiana, de Zoroastro y de Buda. Estas creencias fueron reveladas al fundador, llamado Mani. Su fe se basaba en la lucha eterna de dos principios, uno bueno, simbolizado por la luz, y otro malvado, simbolizado por las tinieblas. San Agustín, maniqueo durante casi diez años, reconoce en sus *Confesiones* el atractivo de una visión tan simplificadora de los conflictos. Todavía hoy el lenguaje de la propaganda suele recurrir a este tipo de polarización sin fisuras para prometer soluciones fáciles y ganar adeptos. Y es que muchas veces se acude a las enseñanzas de Mani para manipularnos.

13

El aire de un crimen

El cine y la novela negra retratan el oscuro universo del crimen para explorar un paisaje inquietante: el reverso de los sueños. El claroscuro de sus atmósferas evoca la nebulosa complejidad humana. Y en sus tramas afloran pasiones ciegas, el delito, la fatalidad, el mundo oculto bajo la supuesta placidez de lo cotidiano.

La primera ficción policiaca se escribió en la antigua Grecia. El protagonista, Edipo, investiga la muerte del rey de Tebas, sucedida años atrás en extrañas circunstancias. Al interrogar a los testigos del crimen, sospecha que guardan un turbio secreto. Como los detectives Spade o Marlowe, Edipo es terco, violento, perspicaz y desarraigado. Abandonado al nacer, desconoce sus orígenes. Como será luego típico del género, Edipo sufre presiones para abandonar sus pesquisas, pero sigue adelante, contra viento y marea, desentrañando el laberinto de claves y pistas, hasta encontrar una verdad que hubiera preferido no saber. El rey murió durante un altercado absurdo en una encrucijada. Lentamente emerge en la memoria de Edipo el recuerdo de esa pelea trágica y confusa en la que huyó tras golpear a un desconocido. En un magistral giro final, también descubre quiénes son sus verdaderos padres y la desconcertante identidad de su esposa. El desenlace de este primer *noir* resulta todavía hoy turbador: Edipo es a la vez el detective y el asesino.

Ciega envidia

Cuántas veces la satisfacción que encontramos en lo nuestro se esfuma al saber que otro nos aventaja. El filósofo Epicteto decía que el peor enemigo de los prósperos es la envidia, pues consiste en la tristeza por los bienes que no nos pertenecen, que son siempre la gran mayoría. Lo más curioso de la envidia, en latín "mirar mal", es que afecta a quienes están cerca, a quienes se conocen, como una manera personal e íntima de odiarse. No envidiamos la fortuna que creemos fuera de nuestro alcance; no envidiamos al remoto millonario, sino al vecino de al lado que vive algo más lujosamente que nosotros o tiene un poco más de suerte. Por eso, el éxito más humilde puede despertar envidia y, por eso, esta pasión se vuelve fatal para cualquier forma de mérito o excelencia. Condena a quien la sufre y puede ser letal para el que la inspira. Se cobra dos víctimas y no tiene ningún beneficiario.

Un relato oriental narra el caso de un rey que nombró dos ministros de igual rango. Uno envidiaba con pasión al otro: sus aciertos, su pausado ascenso en la jerarquía de cargos, su prometedor futuro. El rey advirtió ese odio y quiso dar una lección al ministro celoso, demostrándole que no hay ningún perjuicio para uno mismo en la fortuna ajena, porque la luna puede derramar su brillo al mismo tiempo sobre mil olas. Dijo: "Mi fiel servidor, te voy a recompensar. Pide lo que desees, pero debes saber que daré el doble a mi otro ministro". El envidioso, amargado en su felicidad por imaginar al otro más feliz, prefirió acarrearle una desgracia duplicada: "Señor, quiero que me dejéis tuerto".

Borrachera de poder

Elegimos a nuestros gobernantes para que cambien la realidad, pero muchas veces son ellos quienes cambian. La transformación de los políticos, debida al éxito y los halagos de su círculo cercano, ha sido descrita como enfermedad profesional. Un neurólogo y exministro inglés ha enumerado los síntomas de esta dolencia: alejamiento de la realidad, exceso de confianza, lenguaje mesiánico, convencimiento de estar en la senda de la verdad y no tener que rendir cuentas ante la opinión pública, sino ante la Historia con mayúscula. Este mal se denomina en lenguaje clínico "síndrome de Hybris".

Hybris es una palabra griega que significa "arrogancia" y "exceso". El término describía una pasión violenta inspirada por la diosa de la obcecación, Ate, que arrastraba a los héroes y los poderosos a avasallar al prójimo. Esos atropellos acababan teniendo consecuencias desastrosas y eran castigados por otra diosa, llamada Némesis, encargada de restablecer el equilibrio vengando a los agraviados. La tragedia griega representó a menudo este círculo diabólico de poder, soberbia, ceguera, error fatal y caída. Para la mentalidad clásica, la prudencia era la virtud intelectual necesaria para adaptar la propia actuación a la complejidad de las circunstancias. Los antiguos dirían que los gobernantes empiezan a ser peligrosos cuando les causa terror reconocer un error.

Elogio del secreto

Vivimos una época de pasión por el autorretrato. Según los analistas, cada día la humanidad comparte un millón de selfis en la red. En este afán por convertir la propia experiencia en espectáculo, algunos están dispuestos a arriesgar su vida: se multiplican los accidentes mortales al perseguir una imagen impactante de uno mismo al borde de acantilados, en azoteas de rascacielos o rozando el abismo en cimas montañosas. La misma sed de atención se manifiesta en la primera persona de los blogs, las redes sociales o la telerrealidad. En medio de esta exuberancia, palabras como *intimidad, reserva* o *discreción* suenan antediluvianas y cobardes, y en cambio aplaudimos la presunta valentía de quien se lanza a exhibirse con más crudeza.

Frente a tantos obcecados perseguidores de la fama, el filósofo griego Crates de Tebas renunció a su elevada posición social y repartió sus riquezas para llevar una vida sencilla con lo mínimo indispensable. Su hallazgo consistió en dejar de contemplarse a sí mismo a fin de recuperar la libertad interior y la osadía de pensar. En cierta ocasión, escribió: "Mi patria es la pobreza y el anonimato". Para este antiguo disidente, reivindicar la fecundidad del secreto y rebelarse contra el exhibicionismo podían ser formas de resistencia, quizá más que nunca en esta sociedad narcisista e impaciente del yo y del ya.

Altos vuelos

Cuando miramos a los pájaros levantar el vuelo, remar en el viento y flotar en las corrientes de aire, tenemos la sensación de que son seres más libres que nosotros. Nos recuerdan nuestro anhelo humano de una vida simplificada, nuestra añoranza de aire.

Quizá por eso el griego Aristófanes hizo reír a sus contemporáneos imaginando una comedia en la cual dos aventureros, hartos de deber dinero y de bordear la ruina, deciden huir de las deudas, de los impuestos y de los pleitos y fundar una ciudad aérea para vivir como la raza feliz de las aves. La abubilla y el ruiseñor dan a sus aliados humanos la raíz de una planta mágica que les permite volar, y exclaman: "¡Que a uno le salgan alas es lo más agradable!". La nueva capital de las nubes se llama "Nubecucolandia", y allí se vive con sencillez. Pero los héroes se dan cuenta del poder que les da su posición en los cielos, pues pueden sabotear a los dioses durante sus desplazamientos por los senderos estrellados. Quieren entonces imponer sus condiciones, como nuestros controladores aéreos. Se declara la alarma general y el estado de emergencia entre los dioses, que entran en negociaciones con los nuevos dueños del aire. El personaje principal hace fortuna y acaba casándose con una diosa llamada Soberanía.

Aristófanes cuenta aquí una fábula sobre la huida de la realidad asfixiante para fundar una nueva comunidad de la que se puede expulsar sin contemplaciones todo lo que nos agobia. Pero ni siquiera en el mejor de los mundos posibles cesa la ambición, y el travieso desenlace nos enseña que hasta por los castillos en el aire hay luchas de poder.

Felicidad ignorada

¿Solo sentimos el valor de lo que fue nuestro y dejamos escapar? ¿Todos nuestros paraísos son paraísos perdidos? La mayoría de nosotros no sabemos decir con exactitud en qué consiste la felicidad hasta que ya la sentimos vivida por completo. Cuántas veces la reconocemos al recordarla, pero sin haberla percibido con claridad mientras duraba. Cuando la memoria regresa al pasado, nos damos cuenta de que hemos dejado atrás, sin pararnos, casi sin verlos, los oasis más verdes. Por eso Fausto, el personaje de Goethe, vendía su alma al diablo a cambio de un momento del que poder decir: "¡Detente, instante, eres tan bello…!". No se trataba solo de felicidad, sino de la conciencia de esa felicidad mientras duraba.

Para corregir nuestros ataques transitorios de ceguera, Schopenhauer recomendaba fijarnos en lo que disfrutamos con la misma mirada con la que lo veríamos si alguien nos lo estuviera quitando. "Deberíamos pensar a menudo: ¿cómo sería si perdiera esto?", escribió. Muchos siglos antes, los filósofos griegos afirmaron que la felicidad se puede aprender y entrenar, pues la entendían como esa forma de atención que atrapa y agudiza el placer del presente. Para alcanzarla, proponían un ejercicio parecido: suponer que no tienes nada, discurrir por orden de prioridad lo que querrías recibir y pensar cuántas cosas reclamas que son tuyas ya. Todo consiste en conocer lo que tenemos al menos con la misma precisión con la que sabemos lo que nos falta. Porque no basta con ser felices, hace falta darse cuenta de que lo somos: hay que reconocer la felicidad con facilidad.

19

Conversación

La semilla de los acuerdos necesita el terreno fértil de la conversación. Hablar es un arte que debemos practicar y perfeccionar durante toda la vida para aprender a exponer nuestros puntos de vista sin arrogancia, con serenidad, saliendo al encuentro del otro. Y, aún más difícil, llegar a ceder tranquilamente la palabra. Lejos de las tertulias broncas que abundan en televisión, la filosofía, injustamente relegada en los programas escolares, nos enseña cómo dialogar, esa asignatura siempre pendiente.

En la antigua Roma, Cicerón, líder político y pensador, escribió: "El que entabla una conversación no debe impedir a los demás entrar en ella, como si fuera una propiedad particular suya, sino que ha de pensar que, como en todo lo demás, también en la conversación general es justo que haya turnos". Las principales obras de Cicerón no eran ensayos concluyentes, sino diálogos a varias voces en los cuales él desempeñaba solo un pequeño papel y que terminaban sin un claro vencedor. Cicerón, gran conocedor de los entresijos del poder, dirigente ambicioso y a la vez enamorado de la filosofía, pensaba que lo más importante es el propio debate de ideas, que nos ayuda a encontrar islas de concordancia entre los océanos del desacuerdo. Ahora que vivimos tiempos convulsos, necesitamos personas capaces de conversar así, más preocupadas por usar la razón que por tener razón.

Barbaridades

Casi todas las lenguas encierran un sedimento de recelo ante los extranjeros. Muchas expresiones tradicionales son una acusación colectiva. Entre nosotros, hacerse el sueco es hacer oídos sordos, desoír adrede. Despedirse a la francesa es ser descortés. Los cuentos chinos son mentiras con las que tratan de embaucarnos. Si nos dicen que somos gitanos, judíos o que hacemos el indio, pretenden reprocharnos nuestra actitud. Admitimos esta mentalidad sin ser muy conscientes cuando llamamos *cabeza de turco* a un chivo expiatorio.

La actitud es antigua. Los griegos inventaron la palabra *bárbaro* para señalar al extranjero que mascula un lenguaje incomprensible, borboteos de voz. El sonido *barb* es onomatopeya del habla confusa. Nosotros la usamos para imitar el ruido verbal: blablablá. La lengua griega recibió el mismo tratamiento despectivo en español: la palabra *gringo*, que se aplicó primeramente a la lengua y luego al que la hablaba, deriva de *griego*, en el sentido de un idioma que no se entiende. Hay otros ejemplos. El término *algarabía* no es más que la adaptación de *al-arabiyya*, es decir, "lengua arábiga", porque, a quienes no hablan árabe, un diálogo en ese idioma les parece un griterío. Y, estrechamente asociado a la palabra *guirigay*, o sea, conversación confusa, nace el nombre coloquial *guiris* para los extranjeros.

Todos utilizamos cotidianamente esas expresiones, olvidando que hay una línea imaginaria más allá de la cual somos extranjeros. Frontera y afrenta son palabras que se parecen, quizá porque muchos al dejar su patria se convierten en parias.

Don de lenguas

Al hablar convertimos nuestro cuerpo en instrumento musical. Nos comunicamos creando sonoridades en la corriente de aire que sale de los pulmones, atraviesa la laringe, vibra en las cuerdas vocales y adquiere su forma definitiva cuando la lengua acaricia el paladar, los dientes o los labios. Todos estos órganos intervienen a su debido tiempo para moldear nuestras frases. Y, aunque la lengua no puede por sí sola crear el habla, es su símbolo desde tiempos muy antiguos. Por eso decimos: "Tiene la lengua afilada" o "Le ha comido la lengua el gato". *Lengua* significa ambas cosas: el músculo y el idioma, la carne y la palabra, el órgano animal y la comunicación que nos hace humanos.

La lengua es una parte fascinante de la anatomía. Las mariposas desenroscan su larga lengua para beber en las flores como en cálices y los colibríes usan las suyas para besarlas en pleno vuelo. El camaleón lanza su lengua a una distancia mayor que su propio cuerpo. La de los seres humanos alberga los botones gustativos que permiten saborear innumerables placeres. Cuando nos concentramos, la punta de la lengua asoma por los labios entreabiertos, como queriendo salir al encuentro de la realidad exterior. Y, en esa búsqueda de protagonismo, nuestra pequeña lengua, tomando la palabra, modelando el aire, ha logrado actuar en el mundo y, con sus verdades y mentiras, cambiarlo para siempre.

Los yahoos

Quizá no hay mayor desafío que ver transformarse las certezas, los ejes de referencia, las dimensiones mismas de la realidad. Estamos siendo testigos de tantos hechos inconcebibles hace pocos años que hemos perdido la capacidad para ser incrédulos. Aceptamos que hace falta explorar a diario la realidad cotidiana y aclimatarse a un nuevo hábitat que nadie ha cartografiado todavía.

Así fueron las aventuras de Gulliver, tal como las contó Jonathan Swift hace tres siglos. A lo largo de sus viajes, Gulliver se vio obligado a vivir contra su voluntad en un país de enanos y después en otro habitado por gigantes. De la noche a la mañana, fue extranjero en una realidad cuyas dimensiones le eran hostiles. Tras sobrevivir en estos territorios distorsionados, Gulliver desembarcó en una isla donde los hombres, toscos, peludos y sin lenguaje, llevaban una vida de sumisión como animales domésticos al servicio de una raza muy evolucionada de caballos. Los caballos dominantes llamaban a estos seres *yahoos* y los trataban con desprecio. Aquí Swift traza una sátira de la especie humana, que en estado de naturaleza revela la misma codicia que arruina a las sociedades civilizadas. Como le cuentan a Gulliver, si a cinco yahoos se les echa una cantidad de comida que bastaría para cincuenta, en vez de comer en paz, se lanzan unos contra otros, cada cual desesperado por quedársela toda. En su libro, Swift se muestra pesimista, pero no fatalista, porque mantiene la fe en la posibilidad de regeneración de los humanos. Hasta entonces, se divierte representando el mundo al revés, tal y como es.

Primitivos

Conocemos las reglas del juego. Todo el mundo intenta acumular dinero, porque el prestigio social está unido a la posesión y el consumo. La publicidad dedica un enorme esfuerzo a ensalzar las virtudes de todo tipo de productos, ya que los beneficios económicos dependen del ritmo con el que la gente compra, usa, gasta y destruye para volver a empezar. Con sus ambivalencias, creando riqueza y desigualdades, el capitalismo parece ahora mismo imbatible.

En abierto contraste, los antropólogos han estudiado cómo se organizaban las sociedades de cazadores-recolectores. Esa forma de vida antigua se basaba en el principio de reciprocidad. Por la mañana, algunos adultos abandonaban el campamento para pasar el día cazando y buscando alimento. Cuando regresaban al atardecer, compartían la comida con todos los demás. Al día siguiente salía otro grupo y repetía el ritual de reparto equitativo, sin importar que unos aportasen más que otros a la comunidad. En realidad, muchas familias se organizan hoy de esta forma desinteresada. Los jóvenes tienen un techo seguro hasta que se ganan la vida. Quienes están en apuros son ayudados. Cada uno recibe según su necesidad y lo devuelve sin una regla establecida de tiempo o cantidad. Gracias a este sistema, la crisis económica ha sido menos letal. Y es que a veces las soluciones primitivas suavizan las inclemencias del progreso.

Victorias letales

Las batallas ganadas tienen un precio, a veces más alto que las batallas perdidas. Quien triunfa se obstina más, porque ¿cómo abandonar mientras creemos vencer? Así, la victoria puede ser una impostora más letal que la derrota, ya que miente mejor. Esta fue la paradoja de Pirro, soberano de una potencia militar griega que hace veinticinco siglos libró una guerra en territorio extranjero contra un enemigo al que creía inferior y poco civilizado: los romanos. Ya desde el primer enfrentamiento, Pirro fue un triunfador ensangrentado: la matanza no perdonó a los suyos. Confiando en el impacto de su victoria inicial, buscó una paz rápida y brillante. En vano, porque los romanos anunciaron que le combatirían con todas sus fuerzas mientras permaneciera en Italia. La impresión de sus triunfos se fue desvaneciendo gradualmente porque el enemigo no se derrumbaba. En otro combate memorable, Pirro puso en fuga a sus adversarios. El campo de batalla quedó sembrado de muertos, seis mil romanos y tres mil trescientos griegos, según las crónicas. Entonces el general pronunció una frase célebre: "Otra victoria como esta y estamos perdidos". Los romanos reclutaban nuevos combatientes como si tuvieran un manantial inagotable mientras que cada baja era un enorme revés para Pirro. En su nombre, los éxitos efímeros a costa de grandes pérdidas y sin claro provecho se llaman *victorias pírricas*.

Al final Pirro se retiró con sus triunfos hechos añicos. La experiencia le enseñó que en ocasiones el presunto vencedor solo conquista una posición frágil y hostigada. Y a Pirro flaco todo son pulgas.

Los siete magníficos

Cada año se publican en los medios abundantes listas; nos interesa conocer quiénes son las personas más ricas, las más atractivas, las mejor vestidas o las más deseadas. Estos datos alimentan una curiosidad que puede parecer anecdótica, pero que tiene un trasfondo importante, pues todo aquello que se mide adquiere existencia y valor. Nuestras clasificaciones reflejan nuestras aspiraciones profundas: el apetito insaciable de fortuna y belleza. No siempre ha sido así. Entre los antiguos griegos, la lista más célebre era la de los Siete Sabios.

Los Siete Sabios de Grecia fueron un grupo de legisladores, jueces y filósofos recordados por sus logros y sus enseñanzas. La tradición los sitúa en el periodo griego arcaico, hace veintisiete siglos, una época en cierto modo parecida a la nuestra por ser una etapa de transición y de crisis de valores, de convulsiones económicas y sociales profundas. Todos ellos fueron contemporáneos entre sí y se cuenta incluso que llegaron a conocerse; vivieron el ocaso de las oligarquías y contribuyeron con su sabiduría al nacimiento de un nuevo orden cívico con leyes escritas para todos. Sus figuras contrastan con las de los héroes de antaño, inmortalizados en los cantos épicos y los mitos tradicionales. No se caracterizaron por ser poderosos guerreros, sino constructores de un orden social, gente de paz, de diálogo y de justicia. Para nosotros, que no elaboramos listas de nuestros mejores pensadores, resulta casi conmovedor compararnos con nuestros antepasados griegos; para ellos, los sabios eran la savia de la sociedad.

En compañía

La crisis ha iluminado con una luz más cruda los que, creíamos, habían sido nuestros logros de las últimas décadas. A veces, quizá, nos preguntamos si merece la pena seguir haciendo esfuerzos por salvaguardar este imperfecto tejido de acuerdos y contrapesos de poder que es nuestro sistema social. En realidad, las ideas humanas siempre han seguido, al hilo de los tiempos, trayectorias pendulares entre el miedo que aísla y la búsqueda de colaboración, entre la tentación de encerrarse y la de abrirse a los otros.

El filósofo Spinoza, nacido en Holanda en una familia de emigrantes portugueses, conoció a los veinte años la experiencia de contar únicamente consigo mismo. Perdió a su familia, y la comunidad judía de la que formaba parte le excomulgó por sus opiniones. Solo, sin más ayuda que su inteligencia y su habilidad manual, se ganó la vida puliendo lentes. Para no poner en peligro su independencia, rechazó dinero y cargos académicos. Sin embargo, cuando este aparente adalid de la autosuficiencia reflexionó sobre política, argumentó con pasión sobre la necesidad de hacer surgir, frente a la ambición dominadora, el sentido de comunidad. Sin la noción de lo público, escribió, cada cual mira por su utilidad, y, como todos tienen el mismo deseo de conseguir sus fines, se estorban unos a otros. La sociedad, que nos exige renunciar a la tentación de atacar a los demás o desentendernos de ellos, nos da a cambio la garantía mutua de que no seremos atropellados, sino asistidos. Y gracias a esa seguridad, según Spinoza, somos más libres en sociedad que en soledad.

Mundos fronterizos

El cómic tiene un origen marginal. Literalmente. Las primeras tiras ilustradas de la historia aparecen en los márgenes de los antiguos manuscritos. Los libros del pasado se empezaron a decorar trazando, en torno a las letras, increíbles encajes de dragones, serpientes y plantas trepadoras que se enlazaban y se entrecruzaban con una gran riqueza de formas retorcidas. Poco a poco, los adornos fueron ocupando más espacio hasta acabar por apoderarse de la página. Se poblaron de seres humanos, de animales, de paisajes, de escenas vivaces desarrolladas en series de dibujos. Las pequeñas ilustraciones tenían un marco de orlas vegetales, y de ahí deriva el término *viñeta*, porque franjas de hojas de vid bordeaban cada recuadro. Desde la época medieval gótica, de las bocas de los personajes salen unas pequeñas cintas con las frases pronunciadas, antecedentes de los bocadillos de nuestras historietas infantiles.

Más allá del texto, las miniaturas nacieron para revitalizar el apetito humano por lo maravilloso. Detallistas o fantasiosas, tomadas del natural o soñadas por la imaginación, estas ilustraciones demuestran cómo pueden nacer y triunfar nuevas formas artísticas partiendo de lugares subordinados. El cómic, heredero de ese elegante pasado gráfico, ha conservado rasgos que nos recuerdan cuáles son sus orígenes. Los personajes de los álbumes de hoy, como los seres que habitaban el espacio de los remotos manuscritos, a menudo pertenecen a mundos fronterizos, extraños, hipnóticos, distorsionados. Y, como ellos, reclaman nuestra mirada, luchando por no quedar al margen.

Riesgo político

En el carácter de cada uno existe un defecto al que se es más propenso, una debilidad propia, un rasgo que daña especialmente la armonía de sus relaciones con los demás. Para unos será la cobardía, para otros los celos, la indiferencia o la falta de generosidad. De la misma manera, escribió Aristóteles, cada sistema político posee un riesgo característico que anida siempre en su interior y amenaza con hacerlo fracasar. Según el filósofo griego, en el caso de la democracia ese peligro tiene el nombre de *demagogia*.

Demagogia es una antigua palabra griega que significa "arrastrar al pueblo". Para Aristóteles describe una forma de gobernar en la cual los razonamientos son sustituidos por apelaciones a los miedos, prejuicios, amores y odios de los ciudadanos. Supone abordar los debates mediante el lenguaje de los sentimientos y orillar la posibilidad misma de una serena argumentación sobre la acción política. Los demagogos se presentan como salvadores en momentos de aguda crisis y, si logran atraerse el favor popular, pueden cambiar el rumbo del régimen político hacia derivas más autoritarias. Fue Aristóteles quien individualizó y explicó por primera vez la demagogia, definiéndola como la "forma corrupta o degenerada de la democracia". Aristóteles pensaba que las fórmulas por las cuales los pueblos se organizan son cambiantes y dinámicas, de manera que toda conquista es alcanzable, pero también reversible, en permanente riesgo. Por eso es sano desconfiar de quienes, en la contienda política, recurren a las emociones primarias para ser los primeros.

¿Qué sabemos?

La posibilidad de acceder a tan abundante información en internet está cambiando el uso de la memoria y la mecánica misma del saber. Un experimento llevado a cabo en Estados Unidos midió la capacidad de recordar de unos voluntarios. Solo la mitad de ellos sabían que los datos para retener eran guardados en un ordenador. Quienes pensaron que quedaban grabados relajaron el esfuerzo por aprenderlos. Los científicos denominan "efecto Google" a este fenómeno de relajación memorística. Tendemos a recordar mejor dónde se alberga un dato que el propio dato.

El filósofo griego Platón vivió la época en la que la escritura empezaba a extenderse en una civilización hasta entonces oral. Era un progreso fascinante, pero Platón temía que los hombres abandonasen el esfuerzo de la propia reflexión. Criticó este gran adelanto cultural (aunque, contradictoriamente, lo hizo por escrito): "Es olvido lo que producirán las letras en quienes las aprendan, al descuidar la memoria, ya que, fiándose de los libros, llegarán al recuerdo desde fuera". Platón sospechaba que, gracias al auxilio de la escritura, se confiaría el saber a los textos y, sin el empeño de comprenderlo a fondo, bastaría con tenerlo al alcance de la mano. Y así ya no será sabiduría nuestra, incorporada a nosotros e indeleble, parte de nuestro bagaje, sino un apéndice ajeno. Estas palabras resuenan con particular fuerza ahora que, gracias a los vertiginosos avances de la técnica, el conocimiento disponible es mayor que nunca, pero casi todo se almacena exteriormente, en el exterior de nuestra mente.

Espartanos

La austeridad tuvo defensores a ultranza ya en la Antigüedad. Los más severos habitaban al sur de Grecia y su nombre es hoy sinónimo de rigor, dureza y exigencia: los espartanos. Ahora los conocemos por su capital, Esparta, pero los antiguos griegos los denominaban por la región, Lacedemonia o Laconia. Se decía que los laconios eran ahorrativos incluso en palabras, y con los siglos su forma de ser entró en el vocabulario común para describir a alguien de verbo breve y gran amor por el silencio: *lacónico*.

Los espartanos fueron adversarios de los atenienses y su antítesis. Mientras en Atenas se inauguraba la democracia y se expandía una atmósfera cultural electrizante en la que florecieron la filosofía, el arte y el teatro, Lacedemonia construyó una sociedad autoritaria, rígidamente estructurada y sin espacio para la creatividad. Era una potencia centrada en el entrenamiento militar: los hombres tenían prohibida cualquier profesión aparte de la guerra. Atacaban, sometían o esclavizaban a sus vecinos y vivían siempre alerta frente a sus numerosos enemigos. Habitaban en casas de sencillez extrema, desprovistas de decoración, y se alimentaban en comedores colectivos donde les servían raciones frugales de una sopa negra nutritiva, pero nada apetitosa. Enemigos de la democracia, los adalides de la austeridad sacrificaron las palabras, la belleza y el placer de vivir. Nadie pasea hoy por sus ruinas porque nada legaron al futuro. Forjados en la privación y la disciplina, los espartanos tenían madera de guerreros, pero el corazón acorazado.

Cura contra el odio

Existe un libro que explica cómo curar el odio. Ese libro es *Las mil y una noches*, un gran recipiente que contiene innumerables relatos eróticos, navegaciones, aventuras y enigmas. Todos estos cuentos nacen para aplacar al rey Schariar, un hombre resentido y cínico porque ha descubierto la infidelidad de su esposa. Schariar pierde la confianza en la humanidad y decide que no dará a ninguna mujer la posibilidad de engañarlo de nuevo: toma la decisión de casarse cada noche con una doncella diferente, a la que ordena asesinar a la mañana siguiente.

Cuando ya se ha derramado la sangre de muchas jóvenes inocentes, Scherezade, hija del visir del reino de Schariar, reta a la muerte. Se ofrece a casarse con el rey y le cuenta, durante mil noches, una historia que fascina al monarca hasta el punto de que no la mata porque quiere oír la continuación del relato. El multicolor abanico de cuentos es un refugio de fantasías frente al acecho del peligro, pero logra su objetivo gracias a que las historias no son ejemplares ni reflejan al ser humano mejor de lo que es. En ellas hay traiciones y desengaños entretejidos con la lealtad y el cariño auténtico: así enseñan a entender mejor el corazón humano. Después de tres años de escuchar apasionadamente y con creciente comprensión, el rey se cura de su odio a las mujeres y vive feliz con su esposa durante el resto de su vida. No podemos tener un testimonio mejor acerca del poder que los cuentos tienen para transformar y para sanar. Porque las ficciones, esas coloristas mentiras, nos ayudan a reconciliarnos con la verdad.

Amargo acierto

Un japonés faenaba en el océano Pacífico cuando sufrió la exposición a las radiaciones de las bombas de hidrógeno lanzadas durante las pruebas nucleares en el atolón de Bikini. Los norteamericanos comenzaron a bombardear en 1946, un año después de Hiroshima y Nagasaki, y continuaron durante más de una década. El ejército estadounidense consiguió el desalojo de los pobladores del atolón alegando que las pruebas nucleares eran "por el bien de la humanidad". El pescador japonés, enfermo, dedicó el resto de su vida a denunciar el mito nuclear, y a lo largo de los años ha difundido su oscuro presagio sobre las centrales nucleares. Ahora en Fukushima ve surgir otra oleada de víctimas del veneno atómico.

Casandra era una princesa troyana tan bella que el dios Apolo la amó y le ofreció el don de la profecía. Como la joven aceptó el regalo de la adivinación, pero rechazó al amante divino, Apolo se vengó condenándola a no ser creída jamás en ninguna de sus advertencias. Su castigo consistió en la inútil previsión de todas las catástrofes. Supo que la guerra de Troya iba a desencadenar una ola de muerte y destrucción que aniquilaría su patria, pero todos confiaban en la victoria y nadie hizo caso. Así Casandra conoció la peor angustia del mundo, la de anticipar todo, pero no poder impedir nada. Wislawa Szymborska, poeta polaca y premio Nobel de literatura, imaginó el llanto de Casandra sobre las cenizas humeantes de Troya: "Yo tenía razón. / Solo que eso no significa nada. / Y estas son mis ropas chamuscadas. / Y estos, mis trastos de profeta. / Y esta, la mueca de mi rostro".

La duda es bella

Confiamos en las personas seguras de sí mismas, en las más decididas, en quienes se abren camino a través de la selva del mundo armados con ideas rotundas. Aplomo y convicción son rasgos exigidos para gobernar, mientras que, en opinión de la mayoría, el pensamiento que matiza y duda no sirve de guía para la comunidad. Sin embargo, en la antigua Grecia, un hombre que influyó enormemente en su época hizo esta inesperada afirmación: "Solo sé que no sé nada".

El filósofo Sócrates admitía su propia ignorancia y, por eso, nunca se cansó de interrogar y cuestionar. Acudía a la plaza del mercado de Atenas, a los pasillos de los gimnasios, a las calles céntricas para hablar con los jóvenes y los hombres. Las conversaciones empezaban con palabras llanas y, poco a poco, se elevaban hacia la discusión de los problemas importantes: ¿qué es la justicia?, ¿cuál es la mejor forma de gobernar?, ¿cómo hemos elegido vivir? Sócrates quería convencer a sus compatriotas de que las principales cuestiones son enigmas aún sin resolver, de que las palabras y conceptos usados por todos desde la infancia ocultan una red de contradicciones y prejuicios. El filósofo combatía la inercia de las ideas, pensaba que los más graves errores no los cometen los ignorantes, sino los que creen saber. Nuestras mayores certezas deberían ser el centelleo de la curiosidad y el bisturí de la duda.

Ridiculeces

Grabadas en nuestra memoria, a veces con trazo más firme que nuestras penas o alegrías, están las ocasiones en las que recordamos haber hecho el ridículo. Nunca deja de escocernos la vergüenza de quedar mal ante otros y darles risa sin pretenderlo. Durante los años de adolescencia, que es la etapa de mayores carencias en nuestro sentido del humor, aprendemos a temer la burla de los otros más que ninguna otra cosa y salimos de esa edad todavía demasiado serios y envarados. Pasa el tiempo y seguimos sin saber lidiar con los disparates y con el absurdo que de vez en cuando desencadenamos, con el espectáculo cómico que somos para los demás.

El humanista Erasmo de Rotterdam escribió un librito, *Elogio de la locura*, destinado a convencernos de que cavilemos menos sobre nuestras pequeñas torpezas y aprendamos a burlarnos de nosotros mismos como nos burlamos de los demás. Él pensaba que nos hace falta la despreocupación de saber tomarnos las cosas como vienen, bajar a andar a la calle y divertirnos en la comedia de la vida, tan llena de afanes caóticos. El constante espionaje de las faltas propias o ajenas, escribió, no nos dejaría relacionarnos. La realidad está tejida de errores, fallos y desaciertos; por eso nos conviene un poco de debilidad del seso para comprender las debilidades de cada uno. En el mundo, la ridiculez está presente a todas horas y en múltiples manifestaciones. Según Erasmo, a eso se debe la relativa unión y concordia que nos permite vivir juntos. Un excesivo sentido del ridículo es, por tanto, un sinsentido, y quizá una pizca de locura lo cura.

Los dos cuervos

En tiempos de contorsionismo político, nuestros líderes sudan retorciendo la postura. Intentan convencernos de que siguen donde estaban, manteniendo sus promesas, mientras doblan las articulaciones en sentido inverso. Todos alaban los pactos, pero nadie quiere reconocer que cede. El espectáculo es hipnótico y antiguo: ya en el pasado hubo intentos de caminar a la vez por las dos orillas del mismo río.

Durante años, los generales Marco Antonio y Augusto lucharon a muerte por el poder en Roma. No parecía fácil adivinar cómo acabaría el duelo, hasta que Marco Antonio cayó derrotado por sorpresa en la batalla de Accio, al norte de Grecia. Cuando Augusto regresó triunfador, fue a verlo un hombre con un cuervo amaestrado. Como los loros, un cuervo adiestrado puede imitar el habla humana. Al pájaro de nuestra historia le habían enseñado a decir: "Salve, Augusto, comandante victorioso". Augusto quedó impresionado y premió al hombre del cuervo por haber creído en su triunfo con tal lealtad. Sin embargo, el adiestrador tenía un socio vengativo que reveló a Augusto la existencia de otro cuervo, adiestrado para graznar justo lo contrario: "Salve, Marco Antonio, victorioso comandante". Resultó que los dos oportunistas eran compinches y pretendían, como algunos de nuestros líderes, acertar sin arriesgar —pase lo que pase—, multiplicando los pájaros y el desparpajo.

Riesgo

Al recibir la noticia de una súbita desgracia ajena, todavía impresionados por el sobresalto, buscamos rasgos diferenciadores. Decimos: ocurrió en otro país, le sucedió a una persona más imprudente, o más frágil, o más sola que yo. Se trata en el fondo de serenarnos pensando que nunca podríamos vernos en esas desgraciadas circunstancias. Pero a veces surge una identificación inesperada y la seguridad se tambalea, como cuenta el poeta Homero en la *Odisea*.

Tras largos años de ausencia, el héroe Ulises regresa a Ítaca, la isla donde reina. Allí descubre que un grupo de nobles le disputan el trono y decide disfrazarse de mendigo buscando pasar desapercibido mientras urde su venganza. Sin reconocer a su rey, le da hospitalidad un humilde porquero llamado Eumeo, que atiende las pocilgas de palacio. En la choza, al amor de la hoguera, los dos hombres comparten alimentos y charlan. Así, Ulises se entera de la historia de Eumeo, callado y fiel servidor suyo en el que nunca se fijó. Eumeo era hijo del rey de una pequeña isla, pero su alta cuna no lo protegió; siendo niño fue raptado por su nodriza, entregado a unos piratas y vendido como esclavo en Ítaca. Escuchándolo, Ulises se da cuenta de que un hombre de sangre real como él, su igual, cuida de las piaras de cerdos, sin familia, ni fortuna ni libertad. Comprender, como Ulises, que los mayores vaivenes de la suerte caben en cualquier vida, que la adversidad puede irrumpir en un hogar seguro y que todos dependemos de la bondad ajena, nos ayudaría a ser, ante las desgracias de los demás, menos pasivos y más compasivos.

La salud de las palabras

Entender el mundo es un placer. Mirar alrededor y reconocer las causas, las consecuencias, los secretos mecanismos que deciden los acontecimientos, nos protege de engaños y manipulaciones. Esta idea es la semilla de la que surge el estudio de la historia tal como la entendemos hoy. En la Grecia clásica, Tucídides dejó atrás el simple relato de los hechos en su secuencia temporal y fue más allá. Comprendió que la tarea del historiador consiste en reconocer y analizar los resortes del comportamiento humano. *Historia* significaba en griego "indagación".

Gracias a esta novedad, los historiadores pueden explicarnos, desde su análisis del pasado, numerosas claves del presente. Testigo del desmoronamiento de la democracia en Atenas, Tucídides advirtió el síntoma de una crisis latente en el cambio de significado de ciertas palabras. Pensaba que la política se deteriora si el servilismo dentro de las facciones se empieza a llamar *lealtad*. Si el bien común se trata como un botín. Si llamamos *listo* al que mejor conspira y *cobarde* a quien se detiene a reflexionar. Si hablamos de pactos solo para encubrir fugaces transacciones de intereses. Escribió: "Al llegar a acuerdos, los juramentos tenían una vigencia momentánea por prestarlos cada bando ante el apuro, sin otro fundamento". La salud de una sociedad se puede diagnosticar auscultando sus palabras.

Agresivos

Se diría que la sociedad en la que vivimos admira y premia los comportamientos agresivos. La evolución de la palabra misma revela que esta actitud está tomando carta de naturaleza: hace unos años significaba "violento, ofensivo, hiriente"; ahora, "ambicioso, enérgico, eficaz". Hoy parece un mérito (y no un síntoma de desequilibrio) que los deportistas, los ejecutivos o los vendedores sean agresivos. La televisión coloca el micrófono delante de la gente más indignada, atacante y ofensora. Hay estridencia en cada atasco de tráfico. Internet sirve de púlpito para el odio. La atmósfera se crispa, las actitudes son contagiosas, nos ponemos en guardia ante los demás. Por las calles muchas personas caminan como autómatas que no se desvían de su trayectoria y se irritan contra quienes les obstaculizan el paso.

El filósofo y emperador romano Marco Aurelio discrepaba profundamente de estas actitudes. Para él, la agresividad es una debilidad y la violencia suele ser lo contrario de la fuerza. A su juicio, los que se enfurecen sufren de una herida y embisten, mientras que la amabilidad es invencible. Si no te sacan de quicio, mantienes la superioridad moral y vences. "¿Qué podrá hacer contra ti el más grosero si te mantienes amable con él?", escribió en sus *Meditaciones*. Creía que los buenos modales no deben nada al miedo y que la verdadera prueba de valor es adaptarse y transigir. Casi veinte siglos después, las enseñanzas de Marco Aurelio todavía resultan necesarias. Nos conviene recordar que la amabilidad es la habilidad de hacerse amar y la paciencia, la ciencia de los pacíficos.

El enemigo de los reproches

En estas décadas que nos han enriquecido hemos vivido bajo el signo de la euforia. En algún momento, sin saber cómo, empezamos a sentir el peso de una nueva obligación, la de mostrarnos siempre seguros y pletóricos, alegres y solicitados. Lo único que vale es tenerlo todo; no hay posible reconciliación con las carencias. Y así ha nacido un inesperado malestar en el corazón mismo de la abundancia, porque la fragilidad humana nos parece un estigma y una tacha. Si nos falla la salud, o nos falta el trabajo, o se agota nuestra juventud y belleza, sentimos que nos ven como atletas en declive, eliminados de la gran olimpiada del éxito.

Hace veintisiete siglos, un poeta griego llamado Simónides se rebeló contra esta misma forma de pensar. Simónides percibía que a su alrededor muchos perseguían el triunfo, sin distinguir suerte y mérito: "Al hombre, si todo le anda bien, es bueno, y si mal, es malo. En general el mejor es aquel a quien la fortuna favorece". Escribió versos en los que afirma que el fracaso no empequeñece al ser humano, que es rápido el mudar de los mortales y todos podemos ser derribados sin remedio. Es difícil encontrar un hombre ensamblado sin faltas, pero lo esencial para él es que no somos mejores por nuestros éxitos, ni menos por nuestras desgracias. A lo largo de los años conocemos logros y también ocasos. Simónides apreciaba a las personas por el valor moral de sus intenciones y sus esfuerzos, no por sus tropiezos contra los límites y azares de la vida: "No me gusta el reproche, elogio y aprecio a todo aquel que no hace por su gusto ningún daño".

40

Paisajes de letras

Tenemos un apetito voraz de comunicarnos; por esa razón nos seduce la tecnología capaz de transportar nuestras palabras más rápidas, más seguras, más lejos. No nos diferenciamos tanto de nuestros antepasados primitivos, que desplegaron toda su inventiva para atravesar el horizonte con sus mensajes. Así idearon el lenguaje de humo o el idioma rítmico de los tambores. Las voces de fuego o de percusión pueden llegar más lejos que la voz humana, pero son momentáneas como ella. Por eso, el siguiente desafío consistió en encontrar la forma de hacer durar el mensaje, de que permanezca la huella de lo dicho y lo pensado. Para conseguirlo, la creación decisiva fueron las letras.

Las letras eran, al principio, dibujos. Dibujando podemos expresarnos, aunque solo por aproximación y cada uno a nuestra manera. ¿Cómo hacerse entender? Este debió de ser un reto enorme para nuestros ancestros, pero acabaron encontrando una solución genial. Asignaron a cada palabra un dibujo sencillo, siempre el mismo, que todos aprendían y sabían descifrar. Dejaron de pintar cosas y empezaron a pintar palabras. Así, a través de sucesivas simplificaciones, llegaron a las letras. Combinando letras hemos conseguido la más perfecta partitura del lenguaje, y la más duradera. Pero las letras nunca han dejado atrás su pasado de dibujos esquemáticos. Sabemos que la D representaba en origen una puerta, la M el movimiento del agua, la N era una serpiente y la O un ojo. Nuestros textos son paisajes donde pintamos el oleaje del mar, donde acechan peligrosos animales y miradas que no pestañean.

Talón de Aquiles

Cuando nace un niño, su vida aún nueva mantiene intactas todas las promesas, todas las esperanzas. Los familiares que contemplan a un recién nacido desearían ser murallas protectoras contra la enfermedad y el sufrimiento; quisieran evitar al nuevo huésped del mundo cualquier roce con la desgracia. Hay un antiguo mito griego que habla de ese apasionado afán de protección. En su infancia, Aquiles fue llevado por su madre Tetis en un arriesgado viaje hasta el río del Más Allá, porque sus aguas tenían el poder de volver invulnerables a quienes se bañaban en ellas. Tras afrontar todos los peligros, Tetis sumergió al pequeño Aquiles en la corriente mágica sosteniéndolo por el talón y, sin darse cuenta, impidió que las aguas milagrosas tocasen esa parte de su cuerpo. Años después, en la guerra de Troya, Aquiles murió herido por una flecha en su único punto débil. Desde entonces, el talón de Aquiles se ha convertido en el símbolo de la secreta flaqueza que cada uno posee, símbolo también del imposible sueño de ser invulnerables.

Hoy el sueño protector de Tetis lo hacen realidad los investigadores y profesionales médicos que logran salvar a tantos niños heridos por la flecha de la enfermedad. Este grupo anónimo de salvadores cotidianos protege y sana a los más frágiles, su ciencia y su humanidad son un vendaje para nuestro daño. Por eso, en tiempos turbulentos que sacan a la luz los talones de Aquiles y cheques sin fondos de la política y la economía, ellos son un talón siempre fiable.

El tiempo vuela

Nos apasionan los enigmas y a menudo estamos deseando que nos señalen uno para fantasear sobre él. Sin embargo, no sabemos ver los que tenemos cerca. El tiempo, por ejemplo. No hay nada que sea más familiar y conocido que el paso del tiempo, pero ¿alguien podría decir de forma fácil y breve en qué consiste?, se preguntaba San Agustín en sus *Confesiones*. ¿Qué es en realidad el tiempo? "Entendemos cuando oímos hablar de él, entendemos cuando hablamos de él. Si nadie me lo pregunta, lo sé; si quiero explicárselo al que me lo pregunta, no lo sé".

El perplejo San Agustín se dio cuenta de que hablamos del tiempo como si lo viéramos. Decimos que es largo o corto igual que si fuera un hilo o una cuerda extendida. Sin embargo, el tiempo es una fuerza invisible siempre en acción. Quizá sería más tranquilizador poder mirarlo mientras pasa y nos transforma, pero la realidad es así de inquietante. Según San Agustín, organizamos el tiempo en unidades (segundos, minutos, horas, días, meses, años) sin tener las ideas claras. No sabemos qué medimos cuando medimos el tiempo. Nos han enseñado desde pequeños a diferenciar el tiempo presente, el tiempo pasado y el tiempo futuro, pero en realidad lo único que sentimos es un solo instante siempre en tránsito. Para nosotros no existe más que ese momento que corre en partículas fugitivas, volando del futuro al pasado. El pasado crece y el futuro mengua, escribió San Agustín con vértigo. Le sorprendía que en nuestra vida cotidiana aún siga existiendo un secreto tan enorme. A decir verdad, nuestro reloj es la cara familiar de un gran misterio.

Zambullida

La tristeza de los cementerios es, claro, nuestra tristeza, porque todos tenemos afectos enterrados en alguno de ellos. Pero son lugares donde el ser humano ha hecho grandes esfuerzos por derrotar a la pena. *Cementerio* es una palabra griega que significa "dormitorio" y revela que nuestros antepasados querían ver en las tumbas las camas donde están tumbados los muertos. En la Antigüedad las decoraban muchas veces pinturas de brillantes colores, escenas de la vida que parecen decir que nada fue en vano, que los difuntos supieron disfrutar su tiempo, que se marcharon cargados de luminosos recuerdos. En la cubierta de un sarcófago etrusco, por ejemplo, reposan las figuras de un hombre y una mujer que llevan dos mil trescientos años cálidamente abrazados. Y, en la que quizá sea una de las imágenes más bellas para despedir a un ser querido, una pintura funeraria de hace casi dos mil quinientos años representa una silueta de color rojizo que se lanza al agua desde un trampolín. El saltador está captado en el instante en que, ya sin vuelta atrás, se curva en el aire con las manos unidas para abrirse paso en las ondas de un lago plácido rodeado de tamariscos. La figura expresa acción y también calma. Cuando el joven caiga del todo, sentirá un escalofrío, habrá una explosión apagada del agua, la superficie se cerrará sobre él y ya no será visible. Pero no hay tensión ni miedo en la postura del cuerpo desnudo del hombre. Aquí el pintor ha plasmado la muerte y, al mismo tiempo, ha dado alas a la esperanza que tienen los vivos de que morir sea nada más que un breve salto y una tranquila zambullida.

Cervantes

Las ficciones modelan la realidad. El protagonista de un libro puede transformar a su lector, inspirándole ideas, guiándolo en sus decisiones, contagiándole su lealtad o su rebeldía. Los seres de papel representan también su papel en nuestra vida. Quienes amamos los libros contamos con un pequeño grupo de compañeros imaginarios.

Entre ellos, los personajes de Cervantes han configurado en buena medida nuestra mentalidad moderna. Don Quijote, ese estrafalario y anacrónico caballero andante, o el Licenciado Vidriera, el estudiante que se cree de cristal, inventan identidades quiméricas para expresar sin límites su libertad. Amparándose en su locura, esos dos maravillosos insensatos cuestionan el mundo con afilado ingenio mientras se comportan de manera demencial. Con ellos, Cervantes cambió el paisaje de nuestros sueños. Para curarnos de cualquier fanatismo, se rio de los estropicios que provocamos incluso en nombre de las mejores causas. Inauguró la novela introduciendo la ambigüedad en el retrato del héroe. Tomó partido por personajes bienintencionados y ridículos, locos a veces cargados de razón, luchadores que dan risa, pobres diablos con momentos divinos. Pero quizás el mayor logro, y el más refrescante, fue contar estas historias insólitas sin caer en el cinismo y admirando a la gente bondadosa. Cervantes nos enseña a amar con humor a los frágiles.

Amor y humor

El sentido del humor debería ser el bagaje de quien quiere encontrar el amor. En su *Arte de amar*, un manual para aspirantes al amor en busca de mejor suerte, el poeta romano Ovidio lo explica. No hay que hacer esfuerzos desesperados, sino alegres, si se quiere conquistar a alguien. Una persona contenta es capaz de cautivar al prójimo. En cambio, el dramatismo no da buen resultado: tendemos a amar al que no parece necesitarlo demasiado. La mayoría de relaciones comienzan con un rasgo de desenfado o ingenio. Las conversaciones iniciales deben tener cierta dosis de juego. En palabras de Ovidio: "Para agradar debes olvidarte de ti mismo. Para ser amado, sé amable".

Mostrar mal carácter, según Ovidio, hará que te descarten muchas veces. Nunca hay que ponerse furioso: la ira es repulsiva. No discutas, aconseja Ovidio. Lo que más atrae es una tolerancia inteligente y bromista. Escribió: "Dile palabras que agraden a sus oídos para que se alegre de tu llegada. La aspereza crea odios y crueles guerras. ¡Quedaos lejos, altercados y luchas producidos por una lengua amarga!". Para el poeta, la mejor táctica consiste en una sonrisa de capitulación cuando el otro empieza a acalorarse. Le encantará que le des la razón y te premiará. Cediendo, saldrás ganando. Los buenos jugadores, en el amor y en las restantes partidas de la vida, se interesan más por el placer que por la victoria, así que a menudo permiten ganar a los demás y aprenden a perder con buen humor. En asuntos amorosos, piensa al revés y acertarás. Si te dejas ganar, ganas; si ríes y haces reír, tienes serias posibilidades.

Historia de la curiosidad

Una de nuestras primeras emociones infantiles es el asombro. Tras la sorpresa maravillada, los niños desean entender ese mundo misterioso en el que empiezan a vivir, y pronto aprenden a preguntar: ¿por qué? Nunca dejarán de hacerlo: la curiosidad nos caracteriza como seres humanos. Sin embargo, en los mitos fundacionales y los cuentos de muchas culturas, la curiosidad trae desgracia. Se presenta como un defecto femenino: el inconformismo que empuja a Eva, Pandora o la mujer de Lot o de Barbazul a desobedecer terribles prohibiciones y desata el castigo.

Los viajes de Colón cambiaron las tornas. Gracias a los avances de la navegación y a innovaciones como la imprenta o el telescopio, estalló un nuevo afán de conocer. En esa época nacieron los gabinetes de curiosidades, donde ricos aficionados coleccionaban animales disecados, conchas, minerales, porcelanas o monedas. Esos objetos exóticos eran la estela visible de las exploraciones y los logros científicos. Encerraban destellos de tantos mares atravesados, tantos países explorados y tantas estrellas descubiertas. Tras un largo camino histórico, el deseo de desafiar los límites y la sed de saber se convirtieron en condición de la modernidad. De forma nada inocente, la curiosidad dejó de ser un rasgo peyorativo femenino para volverse atributo del hombre científico, y así quedó legitimada. De acusación se transformó en aspiración.

Las gafas de otros

Los libros nos recuerdan que somos seres muy peculiares. ¿Por qué encontramos tanto placer en explorar mundos imaginarios? ¿Qué nos atrae hacia todos esos relatos donde se cuentan hechos que no han sucedido y que son solo invenciones? Algunos científicos opinan que leer es una ampliación del juego infantil y, como los demás juegos, nos prepara para la vida. Los lectores se acostumbran a mirar con el ojo de la mente la amplitud del mundo y la enorme variedad de situaciones y personas que lo pueblan; por eso sus ideas son más ágiles y su imaginación más iluminadora.

Además, cuando leemos salimos de nosotros mismos. Nos proyectamos con total libertad y a nuestro antojo en los personajes de una historia. La perspectiva de ser transitoriamente personas diferentes resulta muy atractiva para nuestra permanente curiosidad. Todos queremos ver por otros ojos, pensar con otras ideas y sentir otras pasiones. La magia consiste en suplantarlos del todo, en ponernos las gafas de otros y observar lo que se ve a través de ellas, deslizándonos en los placeres o los terrores o las ambiciones que va descubriendo esa mirada. Y lo mejor es que esta fantástica operación se ejecuta en el recinto seguro de la imaginación. Así, casi sin darnos cuenta, aprendemos a comprender mejor a los demás y también el permanente conflicto de intereses que se da en el trato humano. En definitiva, gracias a ese salto podemos corregir errores de perspectiva, sacudirnos nuestro provincialismo y curar el aislamiento. Porque muchas veces, para sacar lo mejor de nosotros mismos, necesitamos ser otros.

Ficciones políticas

No es extraño escuchar a los políticos hablar de paraísos perdidos y añorados, de utopías prometidas, de una Arcadia imaginaria que es preciso resucitar. Hace muchos siglos, Platón creó una de las leyendas más fascinantes de la humanidad, al describir una espléndida civilización olvidada, la Atlántida. El filósofo griego afirmaba conocer la historia del imperio atlante de labios de su abuelo, que a su vez la había escuchado a sus antepasados. Según esos relatos, miles de años atrás los atlantes construyeron una ciudad grandiosa con torres, templos y palacios protegidos por canales concéntricos en forma de anillos.

En realidad, sabemos que Platón aludía al mito de la Atlántida para defender sus ideales políticos, disfrazándolos de hechos históricos: los atlantes de los tiempos gloriosos debían su grandeza a su sobriedad, autarquía económica y obediencia a las leyes. Tras siglos de prosperidad, un repentino terremoto y una inundación habrían hundido en el mar la prodigiosa Atlántida "durante una noche y un día terribles". A pesar de los aspectos fabulosos del relato, numerosos investigadores han creído en la realidad de la Atlántida y siguen buscando restos del continente sumergido en los fondos marinos de todo el mundo. Sin embargo, los vestigios de aquel edén no emergen, y los únicos paraísos que podemos situar en el mapa son los paraísos fiscales.

La competición perfecta

Los Juegos Olímpicos nacieron al calor de un luminoso ideal: la paz, la hermandad, la competición justa. En la antigua Grecia, los vencedores solo recibían una sencilla corona de olivo para que nadie participase por el valor del premio. Se decretaba una tregua en toda Grecia que permitía a los atletas y peregrinos llegar seguros a Olimpia y volver a su lugar de origen. Un poderoso Consejo Olímpico sancionaba a quienes incumplieran las normas. Cuando el barón Pierre de Coubertin hizo renacer los Juegos en 1896, estaba empapado del mismo espíritu. Soñaba un gran acontecimiento deportivo mundial, sin ánimo de lucro, que contribuyera a la paz y la colaboración entre las naciones.

Pero la realidad nunca ha sido tan perfecta. Ya los antiguos descubrieron casos de atletas que sobornaban a sus adversarios y les retiraron la victoria, como ha sucedido en recientes casos de dopaje. En la Antigüedad hubo violentos choques entre ciudades por el control de Olimpia, al igual que en nuestros tiempos la carrera por albergar los Juegos esconde oscuras tramas corruptas. Y es que, junto a la belleza del deportista que desafía los límites de su cuerpo, las Olimpíadas son también un espejo de nuestras contradicciones: algunos son capaces de recurrir a la guerra sucia para convertirse en sede de la paz y de hacer trampas cuando el premio es solo el honor.

Iniciación a la vida

¿Cómo preparar a los niños para la vida? A lo largo de los siglos, los padres han oscilado entre la ansiedad por fortalecer a sus hijos y el deseo de protegerlos, preguntándose si los harán adultos más independientes y centrados mediante la severidad o gracias al cariño tolerante.

En el siglo II a. C. Terencio escribió una obra de teatro en la que se pregunta por la mejor forma de educar a los hijos. Los protagonistas son los hermanos Mición y Demeas, que tienen principios muy distintos al respecto y discuten porque no les gusta cómo lo hace el otro. Mición cree que conviene dar dinero a los jóvenes para sus gastos, pasar por alto sus faltas y darles confianza. Opina que, si se acostumbran a mentir a los padres, con los demás se atreverán a todo. En cambio Demeas es severo y partidario de la disciplina. A sus ojos, hay que tener el valor de castigar a tiempo porque ser blando echa a perder a los jóvenes. Cuando acaba la obra se descubre que los hijos de ambos han hecho los mayores disparates a escondidas. Los dos hermanos se han engañado a sí mismos y se han estado sermoneando inútilmente. Sus hijos no son como les gustaría, ni sinceros ni obedientes. A pesar de todo se reconcilian con ellos. ¿Qué pueden hacer? Hoy los expertos se inclinan a pensar que el trato de los padres a sus hijos y las posturas vitales que sostienen ante ellos importan más que los métodos de educación. Las actitudes que los niños ven en los adultos tienen más peso que las teorías. Quizá, después de todo, lo esencial es ser lo que se les intenta enseñar.

La edad ingrata

En torno a los trece años, cambia el centro del mundo. Hasta entonces, lo importante ocurría en casa, en el universo protector de la familia. De pronto, las alegrías y las penas suceden en la calle, en el instituto. El cariño de los padres ya no salva; se desea el éxito entre los compañeros y aterroriza sufrir su desprecio. Se entra en la adolescencia experimentando timidez y rabia, con gesto indiferente y desesperadas ganas de gustar.

Hace más de veinticinco siglos, la poeta griega Safo conoció ese cúmulo de sensaciones. Era, según confesión propia, menuda y poco atractiva, pero tenía el don del canto y la danza. Gracias a ese talento, dirigió una cofradía dedicada al culto de la diosa Afrodita, donde enseñaba música y baile a chicas en la difícil edad. Se enamoró de algunas de ellas, desgarbadas y tímidas, eco de su propia soledad adolescente. Un fragmento de Safo dice: "La dulce manzana enrojece en la alta rama, en lo más alto, olvidada por los recolectores. Pero no la olvidaron, es que no pudieron alcanzarla". En esos versos, Safo habla de la congoja de sentirse ignorada. Sabe, desde la perspectiva de su experiencia, que las personas sensibles no son las preferidas a esa edad, aunque los años corren a su favor. El tiempo de la juventud entremezcla miedos, deseo y prisas; hoy, igual que en la Antigüedad, la adolescencia es pasión e impaciencia.

La extranjera

En el plano de las convicciones, las democracias se presentan con orgullo como territorios de acogida, puertos de asilo, refugios para los perseguidos. Pero tras el rutilante mito del amparo se agazapan realidades menos idílicas. Los dirigentes políticos saben que, en épocas convulsas, la dureza con los extranjeros acrecienta la popularidad de quien gobierna. Esa tensión entre los principios y los hechos surgió ya en la primera aventura democrática de la historia.

El célebre líder político Pericles se preciaba de que Atenas era una ciudad abierta donde no se expulsaba a los extranjeros. Esas palabras contenían una crítica al sistema de sus adversarios espartanos, donde los forasteros eran considerados una amenaza y deportados. Sin embargo, a pesar de sus proclamas, el propio Pericles aprobó una ley restrictiva que limitaba la ciudadanía a quienes tuviesen padre y madre atenienses, privando de derechos políticos a todos aquellos que no eran oriundos por las dos ramas. Ironías del azar, algunos años después, Pericles se enamoró de una mujer nacida en la actual Turquía, la extraordinaria Aspasia. A consecuencia de la reforma legal que él mismo había impulsado, el hijo de ambos fue considerado un extranjero en su ciudad natal. Y así Pericles comprendió en carne propia que la pureza de sangre es una ilusión: todos somos hijos y padres del mestizaje.

Ambicioso

En las épocas en las que se sobrevalora la riqueza, afirmó el sabio Lao Tse, la gente se vuelve o menos honrada o más imprudente. En opinión del maestro chino, hay que debilitar las ambiciones y fortalecer la resolución de las personas.

Ambición es una palabra procedente del latín que significa "rodear, poner cerco". Es ese largo desvío que nos hace olvidar que nuestros goces son mucho más fáciles de conseguir que las riquezas. Pues desvivirse por las ganancias es, en definitiva, malvivir. El historiador Plutarco plasmó esta idea en la conversación imaginaria entre un rey griego y su mejor amigo. "¿Qué te propones con esta guerra?". "Si derroto a los romanos, conquistaré toda Italia, pues ningún otro pueblo podrá resistir el poderío de mi ejército". "Y, cuando Italia caiga en tu poder, ¿qué harás?". "Tomaré Sicilia, una isla próspera que está hundida en el caos de las revueltas y el desgobierno". "¿Y en Sicilia acabará tu expedición?". "Si venzo en Sicilia, será el preludio de mayores empresas. Marcharé sobre Libia y sobre los países fronterizos, que caerán uno tras otro". "Pero, cuando seas dueño y señor de todos esos territorios, ¿qué harás?". El monarca, echándose a reír, contestó: "Entonces me tomaré un largo descanso junto a ti, copa en mano cada día y charlando a todas horas". Su amigo preguntó: "Y, si es eso lo que deseas, ¿qué nos impide disfrutar ya de la bebida y de las conversaciones entre nosotros, pues podemos hacer ahora pacíficamente lo que según tus planes conseguiríamos a costa de sangre, sufrimientos y peligros, causando males y padeciendo daños?".

Dos indignados

"¿Cuándo abrió una boca más grande el bolsillo de la avaricia?", escribió el poeta satírico Juvenal en el siglo ii. Su época le parecía la más corrupta y la más ávida de la historia, pero sabía que tendría continuadores: "Lo mismo harán y desearán nuestros descendientes, no hay nada que la posteridad pueda añadir a nuestras costumbres".

El principio de la carrera literaria de Juvenal coincidió con los últimos años de nuestro Marcial. Fueron amigos. Los dos describieron la inverosímil opulencia de la que hacían alarde algunos ciudadanos acaudalados y, a su lado, las miserias de muchos romanos que sufrían la carestía de la vida. Ambos asaltan al lector con preguntas a media voz sobre la sociedad de la que forman parte. El humor de Marcial era bromista, el de Juvenal, rabioso, pero los dos recurrían a la risa como aguijón. Juvenal afirmaba que sus versos no nacían del talento, sino de la indignación. Tenía audacia y energía y no dejaba escapatoria. Podemos imaginar cuántas veces se reunirían Marcial y Juvenal a tomar vino mezclado con miel o hierbas y afilar juntos los dardos de sus burlas. Habría valido la pena escuchar cómo ahondaban en los aspectos más escandalosos de la Roma imperial, pues supieron retratar como nadie un imperio cansado que, sin embargo, no olvidaba sus mejores aspiraciones. Los antiguos romanos inventaron la sátira, nacida del fuego de un humor furioso, y desde entonces la realidad sigue dando combustible a sus hogueras. Y también el afán de vivir en un mundo diferente, que en todas las épocas se parece.

Vino y besos

Aunque nos pueda parecer muy íntimo y propio, besar no es un acto exclusivo de los humanos. Ciertas especies de aves y mamíferos unen sus labios —o picos— como parte del ceremonial del cortejo o para traspasar alimentos desde la boca de los padres a las crías. Pero, sobre la base de ese instinto compartido, los seres humanos hemos construido un edificio de costumbres, prohibiciones, leyes y lenguaje.

Los antiguos romanos inventaron la primera tipología del beso: *osculum*, en la mejilla, por cortesía; *basium*, en la boca, por cariño; *savium* era el beso más hondo y erótico. En Roma existió una ley —*ius osculi*— que obligaba a la mujer casada a besar a su marido todos los días y, si se lo pedían, a todos sus parientes masculinos hasta los primos de grado segundo. La finalidad de esta imposición era oler el aliento de la mujer para comprobar si había bebido, pues se creía que el vino era la antesala del adulterio femenino. En los tiempos más antiguos de la civilización romana, la esposa podía ser repudiada o encerrada en una habitación de la casa si era sospechosa de perder la contención y desobedecer emborrachándose en secreto. Y, así, nuestros antepasados de Roma convirtieron el beso en una peculiar prueba de alcoholemia, demostrando la infinita complejidad de las acciones humanas: un mismo gesto puede expresar la libertad del deseo o el deseo de control.

Impunidad

Cuánta gente acata y hasta defiende las leyes en público reclamando su endurecimiento, pero a escondidas las incumple si puede. Además de los criminales profesionales y las mafias está la multitud de pequeños fraudes, trampas y connivencias que salpican la vida económica del país. Junto al crimen organizado convive el crimen desorganizado.

Nuestro matrimonio con las leyes oculta muchas veces un inconfesado anhelo de infidelidad. Reconocemos la utilidad del sistema legal, pero envidiamos a quienes tienen el poder de actuar impunemente. Los antiguos griegos reflexionaron a fondo sobre estas ambigüedades. Se cuenta que Solón, primer magistrado y reformador de la constitución de los atenienses, recibió en su casa a un príncipe extranjero, Anacarsis, llegado desde los territorios de la actual Rusia. Cierto día, charlando durante un banquete, Anacarsis dijo a su anfitrión: "Eres un ingenuo, Solón, si crees que tus leyes van a contener las injusticias y a frenar la codicia de los ciudadanos". Solón contestó que los hombres respetan los contratos cuando a ninguna de las partes le interesa quebrantarlos y que él había unido sus leyes a los intereses de los ciudadanos de forma que saldrían ganando al cumplirlas mucho más que al desobedecerlas. Anacarsis soltó una carcajada que le humedeció los ojos: "Las leyes son simples telarañas que detienen a las moscas y dejan pasar a los pájaros. Las leyes enredan un poco, pero lo grande las rompe y se escapa". Plutarco, que escribe la anécdota, añade que la realidad se ajusta más al pesimismo de Anacarsis que a las esperanzas de Solón.

Reflejos

Vivimos presididos por las imágenes y desde siempre hemos intentado atrapar esas sombras palpitantes: pintarlas, fotografiarlas, grabarlas. Pero si hay un objeto que se apodera de ellas de forma más inquietante que ninguno es el espejo, que parece garante de la verdad, pero engaña y por esa razón da nombre a las mentiras que nos pierden: espejismo, especulación.

Un cuento japonés nos revela lo que cada uno ve dentro del espejo. Un cestero acababa de perder a su padre, del que era la viva imagen. Un día de feria, un vendedor le mostró una mercancía nunca vista: un disco de metal brillante y pulido. El cestero creyó que su padre le sonreía desde el espejo y, maravillado, pagó con sus ahorros la extraña alhaja. Ya en casa, lo escondió en un baúl. Todos los días interrumpía su trabajo y se iba al desván a contemplarlo. Su mujer le siguió hasta el escondite donde miraba largamente el espejo. Intrigada, tomó el objeto, miró y vio allí el rostro de una mujer. Gritó a su marido: "Me engañas, tienes una amante y vienes a mirar su retrato". "Te equivocas, aquí veo a mi padre otra vez vivo y eso alivia mi dolor". "¡Embustero!", contestó ella. Los dos acusaron al otro de mentir y se hicieron reproches cada vez más amargos. Una anciana pariente quiso interceder en la discusión y juntos subieron al granero. La mediadora miró la imagen encerrada en el disco metálico y sacudiendo la mano dijo a la esposa: "Bah, no tienes que preocuparte; solo es una vieja".

A menudo, los espejos son esos objetos donde no encontramos reflejada la imagen que tenemos, sino la imagen que tememos.

Errores y extravíos

Cuántas veces en la vida debemos ponernos en movimiento aun a riesgo de tropezar. Algún día nos lanzamos por primera vez a trabajar, a enamorarnos, a hablar un idioma extranjero, a conducir un coche, a criar hijos. Por fuerza hay un momento en el que hacemos algo sin saber hacerlo. Y allí nos espera agazapado el error y, lo que es peor, el temor al error.

Generalmente, nos asusta fallar. Al borde del error, sentimos vértigo. Reconocer que nos hemos equivocado despierta vergüenza y remordimiento. Cuando recordamos nuestras equivocaciones pasadas, nos domina la sensación de derrota. Sin embargo, el filósofo griego Aristóteles consideraba el error un suceso mental interesante y valioso que no debería paralizarnos. De las equivocaciones genuinas se pueden aprender lecciones: que las cosas son distintas de lo que parecen y por eso las malinterpretamos; que hace falta observar con atención, manteniendo aguzados los sentidos; que el mundo es infinitamente variado y enigmático. Aristóteles recomendaba demorarse precisamente en los aspectos equívocos de la vida, porque nos abren nuevos horizontes. De hecho, la palabra *error* significa en latín "desvío, merodeo" y evoca la idea de abandonar la ruta directa, de caminar con paso errante. Por tanto, el error es hermano del viaje, compañero de andanzas, un guía extraño y errático que, al final, sabe llevarnos a la meta. Los antiguos citaban a menudo un proverbio que decía: "Que tu error de hoy sea tu maestro de mañana". Sabían que, si sabemos sacarles provecho, nuestras erratas son herramientas.

El éxito de un fracaso

La invención de la imprenta transformó el mundo, expandiendo las rutas del saber hasta límites jamás imaginados. El estudioso Marshall McLuhan popularizó esta idea al hablar de la "galaxia Gutenberg". Menos conocida es la historia del propio Gutenberg, un relato asombroso que contradice nuestra triunfal mitología del emprendedor.

Aquel minucioso orfebre y tallador de piedras preciosas dejó de cincelar joyas para esculpir letras. En una época en que los libros se difundían lentamente a través de copias manuscritas, Gutenberg inventó un sistema veloz y revolucionario de impresión mediante tipos móviles. Fundió por separado las letras del alfabeto y encontró un modo eficaz de componerlas en líneas y sujetarlas. Como plancha de impresión adaptó una prensa de uvas. Con su máquina novedosa, se embarcó en el ambicioso proyecto de imprimir una Biblia en dos tomos. Sin embargo, los enormes costes lo arruinaron. Incapaz de afrontar las deudas, justo cuando la Biblia se imprimía por fin, se vio obligado a ceder todo su equipo a su patrocinador financiero. El acaudalado Johann Fust continuó el negocio sin él, recibió una lluvia de encargos y multiplicó su fortuna, mientras Gutenberg murió empobrecido. La imprenta cambió el rumbo de la historia y fue un gran negocio, pero no hubo final feliz para el emprendedor: el inversor triunfó a costa del inventor.

Huellas de música

Hay música que es juego y música que es lamento, está la música de nuestros trabajos y de nuestros ocios, cierta música nos sume en un silencio quieto mientras que otra despierta la palpitación del ritmo en nuestro cuerpo, a veces la música nos recuerda emociones vividas y otras veces nos aleja de todo lo conocido con la seducción de su exotismo. No existe ningún acto humano sin su música, como escribió un griego de la Antigüedad.

Cada melodía y cada canto es una experiencia compartida que deja ecos: ni siquiera la música más remota se ha borrado del todo. Los arqueólogos prueban los sonidos de instrumentos reconstruidos, como huesos de águila o cisne agujereados que sirvieron de flautas, o vasos de boca grande cubiertos con piel tirante que fueron los primeros tambores. Los especialistas inciden en la acústica singular de las cuevas, el escenario más antiguo, donde la voz o los instrumentos resonaron de forma impresionante y donde las cortinas de estalactitas devolverían al golpearlas un sonido cristalino. Estudiamos las señales sonoras de nuestros antepasados en busca del inicio mismo de la música, que, según los expertos, cumplió dos funciones en sus orígenes: imitar el grito de los animales a través de reclamos y crear atmósferas sonoras en la vida de los hombres. Allí se empezó a configurar nuestra sensibilidad gracias a ese mundo sonoro que, en sus infinitas variedades y transformaciones, llega hasta hoy. Porque aquí sigue la música, acompañándonos a partir de la infancia hasta la vejez, en todas nuestras edades, desde la edad de las cavernas.

Hacer justicia

La figura del justiciero tiene un profundo atractivo para nosotros, habitantes del siglo XXI. Podemos entender el dolor y la ira que empujan a alguien a tomarse la justicia por su mano, no por amor a la violencia, sino por odio a la impunidad. En la *Orestíada*, una trilogía del poeta griego Esquilo, se debate este problema. El rey de Micenas muere a manos de su esposa y luego el hijo de ambos la mata para vengarlo. Como más tarde Hamlet, Orestes no puede soportar que su madre, asesina de su padre, salga bien parada. La lucha interior desgarra al personaje, pero la cuestión esencial es qué final tendrá el derramamiento de sangre. Pues el vengador es culpable a su vez y podría desatar otra venganza y otra y otra hasta desencadenar una espiral, una cosecha roja.

En la última tragedia presenciamos el juicio de Orestes. Con ella comprendemos la renuncia y el dilema que representa ceder el monopolio del castigo al Estado. Ninguna decisión de un tribunal será satisfactoria por completo y para todos. De hecho, nuestro idioma, llamando a las sentencias *fallos*, parece expresar un escepticismo de partida. Sin embargo, son pactos que nos protegen de la violencia indiscriminada. En sociedad, la armonía depende de esa negativa a colocarse por encima de las leyes. Es un tema sobre el que conviene pensar y conversar, porque la justicia siempre está sujeta a discusión, mientras que la fuerza es fácilmente reconocible e indiscutible, como decía Pascal. Las tragedias antiguas nos recuerdan que la justicia solo existe si los hombres la quieren de común acuerdo y la llevan a cabo.

Ser otro

Nuestros deseos son el campo de batalla de la publicidad y el consumo. Las marcas no solo quieren que compremos sus productos, además nos tientan para que deseemos ser otros. Hipnotizan nuestros ojos con imágenes de exultante juventud, desinhibida, perfecta, triunfadora: falsa. Saben que caeremos en la trampa de comprar lo que nos venden para intentar parecernos a ellos, a los otros, a esos espejismos cuidadosamente fabricados. Y así seguiremos gastando, porque nunca lo conseguiremos. Nuestra insatisfacción es su negocio. Como diría Deleuze, el capitalismo hace apología de la esquizofrenia. Para la sociedad del éxito, ser nosotros mismos es un asunto de perdedores, resignados y sin glamur.

Hace veinte siglos, el poeta Marcial escribió un epigrama sobre la felicidad. Sin dejar de lado su vena irónica, rozó algunos temas poco habituales en él: la vulnerabilidad, el desasosiego, el miedo a morir. "Las cosas que hacen una vida más feliz son estas: que quieras ser lo que eres y no prefieras nada, y ni temas ni desees el día final". Esas palabras, inspiradas por el estoicismo, hablan todavía a nuestro presente. Hoy Marcial se burlaría de esta lógica consumista que nos susurra al oído que todo debe ser ideal, perfecto, mentira; y, si no, no es auténtico. Ahora lo heroico es batallar por ser quien eres en un mundo que conspira para convertirte en todos los demás.

Hablar con el corazón

Cuántas veces, tratando de levantar nuestro ánimo, hablamos con nosotros mismos de esa forma suave y tranquilizadora que se emplea con los niños cuando tienen miedo de la vida. Nos decimos que es preciso confiar, ser fuertes, no desistir. Este impulso de desdoblarnos en un yo sereno que trata de apaciguar al otro yo, agitado por las preocupaciones, es muy humano y muy antiguo. De hecho, se ha rastreado por primera vez en la *Odisea*. Allí Ulises, pidiéndose sosiego, inaugura, según los expertos, la psicología entendida como diálogo íntimo.

Ulises fue un héroe épico que luchó durante diez años en la guerra de Troya y después, en su intento de regresar a su isla natal, a sus riquezas y a su esposa, vagabundeó de costa a costa durante otros diez años, conociendo todas las ansias y angustias imaginables. Perdió el rumbo muchas veces y a menudo pareció que su destino era siempre el de perderse. Homero nos cuenta que a veces el llanto sacudía a Ulises, y entonces escondía la cara en el manto, humedeciendo la tela en silencio. Según la leyenda, sus naufragios le afilaron la mirada, le endurecieron los músculos y le aguzaron el ingenio. De vuelta a su palacio, lo encontró ocupado por extraños y tuvo que mendigar en su propia casa. Fue en ese momento de derrota cuando se golpeó el pecho y arengó a su corazón con estas palabras: "Corazón, sé paciente, que ya en otras ocasiones sufriste reveses más duros, pero aguantaste". Y, así, aferrados a nuestra resistencia, llamando a la calma, los seres humanos dijimos las primeras palabras de una larga conversación interior.

A flote

Si el barco del Estado hace aguas, no es tanto por gastar demasiado en comparación con nuestros socios europeos, sino porque en proporción recauda menos. La crisis agudiza el problema, pues todo se recrudece cuando el viento arrecia. El hundimiento de la economía formal oculta el éxodo hacia la economía sumergida y nos arrastra a un círculo vicioso. En plena tormenta, una parte cada vez mayor de los negocios queda por debajo o a ras de la superficie, como si actuase una versión maligna del principio de Arquímedes.

Arquímedes, el gran matemático siciliano de la Antigüedad que al formular la ley de la palanca había pedido solo un punto de apoyo para poder levantar el mundo, se interesó también por las fuerzas que actúan en los fluidos. Le intrigaba por qué unos cuerpos se sumergen y otros no. Se dice que un día, bañándose, el sabio se fijó en que el agua de la tina subía de nivel cuando él entraba. Se dio cuenta de que los distintos materiales se hunden o no según su consistencia y de que los objetos grandes y vacíos flotan. Al relacionar el peso del agua desplazada con el volumen y la densidad de los cuerpos sumergidos, la mente del científico levantó el vuelo en un ascenso imparable hasta la solución del problema de la flotación. Cuenta la famosa anécdota que Arquímedes salió corriendo desnudo por las calles, demasiado emocionado para pensar en vestirse, y gritando "¡Eureka! ¡Eureka!", que en griego significaba "lo he encontrado".

Quizás en nuestra apurada situación nos conviene acordarnos de Arquímedes, descubridor de la hidrostática, la ciencia de salir a flote.

Humor comestible

La risa fluye mejor desde un estómago lleno, el humor hace mejores migas con la saciedad que con el hambre. Por eso, el comer tiene un lugar tan importante en la comedia desde tiempos de *Gargantúa y Pantagruel*, o incluso antes. En una obra de teatro del griego Aristófanes, los personajes protagonistas formulan su lista de deseos: amor, panes de cebada, honor, pasteles, poder, salchichas, un cargo de general y puré de lentejas. La cocina en la Atenas clásica era todavía sobria y sencilla, pero, tras las conquistas de Alejandro Magno y la influencia del lujo oriental, el arte culinario se desarrolló hasta alcanzar divertidos excesos de barroquismo. En la época helenística surgieron siete cocineros legendarios, una lista que anticipa las estrellas de la guía Michelin. Los grandes expertos en guisos y salsas se convirtieron en objeto de deseo y también en diana del humor: los griegos se divertían caricaturizando las pretensiones científicas de sus cocineros, acusándolos de vender humo y aire. En un texto cómico aparecía un maestro de cocina que obligaba a sus discípulos a aprender arquitectura; otro opinaba que la comida era la mayor de todas las artes. Un cocinero jactancioso afirmaba que sabía condimentar los alimentos según la luz, el aire y el movimiento del mundo. Los escritores antiguos hicieron jugosas sátiras sobre las diversas escuelas gastronómicas y sus rivalidades, además de denunciar cómo este caro gremio estafaba escandalosamente a los clientes en los banquetes de bodas. Y es que, en todas las épocas, la comida alimenta la comedia.

Pensamientos portátiles

Amamos la brevedad: las frases cortas, los mensajes escuetos, los aforismos en ciento cuarenta caracteres de Twitter. Los textos veloces se adaptan a nuestra prisa, reflejan el vértigo de la fragmentaria vida moderna. El relámpago de un pensamiento plasmado en pocas palabras parece una forma de expresión rabiosamente actual, pero en realidad es muy antigua.

Los aforismos, como los refranes, nacieron antes de la escritura, cuando los conocimientos se comunicaban con la palabra hablada y su conservación dependía de la posibilidad de recordarlos. Las frases redondas, rítmicas y breves eran sabiduría portátil. Así expresaron sus ideas los primeros filósofos: todo fluye, nadie se baña dos veces en el mismo río. También los Siete Sabios dejaron un legado de máximas: no embellezcas tu aspecto, sé hermoso en tus actos; no te rías del desgraciado; la ganancia es insaciable; los malos son mayoría. Aquellas frases célebres se grababan en los muros del templo de Delfos igual que hoy cubren los muros de las redes sociales. Como entonces, pretenden ser textos irónicos, ingeniosos o provocativos. Pero la comparación arroja una curiosa paradoja: si en aquellos tiempos sin escritura la brevedad era vital porque había que confiarlo todo a la memoria, hoy resucita porque el volumen de lo escrito nos abruma. Para los griegos y para nosotros, las mejores máximas son mínimas.

Los genes de Eros

Amar es desear y desear es carecer de algo. El amor empieza con la obsesión por lo que nos falta. De hecho, en nuestro idioma las palabras *cariño* y *carencia* están emparentadas. El verbo *cariñar*, antes español y ahora solo aragonés, significa "echar de menos".

Platón, partidario convencido de esta idea, escribió cierta vez que Eros, el dios de los amantes, era hijo de la Pobreza y el Ingenio, y después contó la fábula de su nacimiento. Una noche la Pobreza pedía limosna en una mansión donde se celebraba un gran banquete. Entre los invitados le fascinó un personaje enérgico, lleno de recursos y desenvoltura, que estaba acechando a los ricos para abrirse camino. Pasiva como era, la Pobreza admiró aquella fiebre por escalar y eligió al desconocido para engendrar al Amor. De esa unión, Eros nació pobre, flaco, descalzo y sin hogar. Su madre le legó el hambre permanente, la avidez. Por el lado paterno recibió el afán por la belleza y por el logro a toda costa, además de un carácter impetuoso, atrevido y maquinador. Platón aseguraba que Eros vive febrilmente, quiere ser rico pero nunca resiste en la abundancia y gasta todo lo que consigue hasta volver a un repentino vacío que de nuevo llena el deseo.

Nuestras pasiones tienen el sello del dios que las inspira, son apetito y búsqueda, indigencia y ambición. El amor consiste en convencerse de que alguien nos hace mucha falta y de que su ausencia nos devora. Al amar nos creamos una necesidad para a continuación tener que apaciguarla. Según Platón, el cruce entre una mendiga y un cazador determinó los genes de Eros.

Fastos nefastos

Hay ciertos días en los que nada resulta bien. Son días en los cuales solo nos salen al paso dificultades, y por eso, tensos y desacertados, tenemos la impresión de que nos hostiga una invisible oposición, de haber sufrido el sigiloso abandono de la buena suerte. Con un envidiable espíritu de previsión y para evitar tropiezos, los romanos de la Antigüedad se esforzaban por distinguir de antemano los días propicios y los desfavorables. Con ese fin, un sacerdote conocido como sumo pontífice hacía predicciones y elaboraba cada año el calendario de días fastos, durante los cuales los dioses favorecían las decisiones jurídicas o legales y los negocios públicos. Las demás fechas, marcadas por la desaprobación divina para actividades políticas, judiciales y lucrativas, se conocían como días no fastos, ne-fastos, es decir, de mal agüero, funestos y tristes.

Hoy somos herederos de la palabra *fastos*, que, impregnada por el sentido de *fastuoso* y de *fiesta*, ha acabado refiriéndose en nuestra lengua al esplendor de las celebraciones más brillantes, donde no se repara en gastos. Nosotros conocemos bien los excesos de esos festivales que hipnotizan la mirada con la luz de la abundancia. Durante los últimos años hemos ido averiguando cuánto habíamos derrochado, llevados por el triunfalismo, en trofeos para celebrar la prosperidad de nuestro país, como aeropuertos sin viajeros o grandiosos edificios sin uso. Ahora, obligados a prescindir de lo realmente necesario para compensar las cifras de nuestro desenfreno, por fin descubrimos que también existen fastos nefastos.

Luna de los deudores

La palabra *desahucio*, con esa hache intercalada que sugiere un enmudecimiento por espanto, tiene el terrible significado etimológico de "quitar las esperanzas". La realidad que hay detrás desazona desde tiempos remotos. En la antigua Grecia, si los propietarios no cobraban el alquiler, se llevaban la puerta, quitaban las tejas o cerraban el pozo, y así los inquilinos insolventes tenían que abandonar la casa asediada, uniéndose a la multitud de los sin hogar. Quienes pedían préstamos pagaban los intereses al final de cada mes lunar. Muchas miradas angustiadas se clavaban en el cielo para observar cómo se estrechaba poco a poco la rendija luminosa de la luna.

En una comedia de Aristófanes que mantiene toda su vigencia, el protagonista se ha endeudado por atender los caros caprichos de su hijo: "No puedo pegar ojo, desdichado de mí; me están comiendo vivo los gastos y las deudas. Mientras este jovencito se pasa la noche hecho una bola entre sus mantas, yo me consumo viendo cómo se acerca el fin de mes. Voy a repasar a cuántos debo dinero y hacer el cálculo de los intereses". Uno de los acreedores acude a su casa, agobiado por no cobrar: "Devuélveme el dinero que te di, porque yo mismo estoy en las últimas". Arruinados, ninguno de los dos puede apiadarse del otro. Al final, el protagonista, seguro de que lo llevarán a juicio, forma el cómico plan de ir a una escuela, "El Pensadero", donde aprender trucos para poner patas arriba la justicia, triunfar en los pleitos y evitar el embargo. Y es que el miedo de que le saquen de casa le saca de sus casillas.

Éxito

¿El éxito es consecuencia casi inevitable del talento y la iniciativa o bien lo condiciona el azar? La respuesta a esta pregunta pone frente a frente dos visiones contrapuestas de la vida, la visión competitiva y la asistencial. Están por un lado quienes creen en la combinación de perseverancia y valía personal como fórmula infalible. Esas personas temen que la ayuda social pueda favorecer la pasividad y disuadir de la lucha por salir adelante. Por otro lado, hay quienes defienden que trabajar duro no siempre da resultado, porque todos los esfuerzos están sometidos al arbitrio de la suerte y de las oportunidades, y les preocupa que la teoría del éxito y el fracaso merecidos lleve a desentenderse de los más necesitados.

El escritor Charles Dickens, que se abrió camino superando una infancia miserable, escribió un cuento navideño acerca de esta misma cuestión. El protagonista del villancico literario es un anciano que se ha hecho rico, pero se ha aislado y endurecido por el camino. Como él se ha labrado su prosperidad, está de acuerdo con la cárcel por deudas y otras rutinas despiadadas de la sociedad en que vive. Entonces recibe la visita nocturna de varios fantasmas que le llevan a presenciar, como un espectador invisible y sin poder de intervenir, escenas de su vida pasada, presente y futura, donde salen a la luz pérdidas y ausencias. Ese viaje fantasmal altera su actitud, volviéndole más compasivo y jovial. Dickens pensaba que, en definitiva, todo depende de cómo entendemos la fragilidad de los demás y la propia, pues nos toca elegir entre solidaridad o soledad.

Filosofía

Continuando un largo trabajo de demolición, la enésima reforma de nuestro sistema educativo arrincona la enseñanza de la filosofía. Nuestros legisladores parecen pensar que solo un reducido grupo de especialistas necesitan ejercitar el pensamiento crítico, entender los mecanismos del poder, descubrir las falacias con las que intentan engañarnos o afrontar la dificultad de vivir, envejecer y morir. En realidad, desterrar la filosofía del recorrido educativo nunca es inocente. Quienes deciden este exilio pretenden que caminemos más dóciles y sonámbulos por la ruta de los días.

Los antiguos inventaron la filosofía y la consideraron una necesidad vital. Los romanos que podían permitírselo tenían un filósofo doméstico en sus hogares. Solicitaban su ayuda para educar a los hijos, para aprender a lanzar grandes discursos o cuando se enfrentaban a una situación difícil. Algunos sarcófagos romanos de mármol representan a una pareja ante el umbral de una puerta. Tras ellos, en segundo plano y actitud apaciguadora, aparece un hombre con barba y toga. El umbral representa la muerte; la pareja, a los dueños de la tumba; y el hombre barbudo es su filósofo de cabecera, en quien buscaron consejo a lo largo de los años y que los sosiega en su último paso. Así quisieron inmortalizar a su sabio ayudante, acompañándolos hasta el instante definitivo. Hoy estarían más solos.

¿Huele mal?

El dinero tiende a ocultar su pasado mientras promete la posesión del porvenir. Las grandes fortunas no suelen confesar de dónde vienen sus ganancias ni el verdadero origen de sus éxitos. La riqueza sabe blanquear su historia, como los gatos que se limpian a sí mismos lamiéndose. Eso pensaba hace dos mil años un emperador romano conocido por su avidez económica.

Cuentan que Vespasiano vendía las magistraturas a los candidatos y las absoluciones a los acusados. Se dice también que daba trabajo a sus colaboradores más rapaces, con la intención de condenarlos cuando se enriquecían y apoderarse de sus saqueos. Su anécdota más famosa se refiere a una tasa que impuso sobre la orina. En la antigua Roma se recogía el pis de las letrinas públicas con fines económicos. Era muy codiciado por los curtidores de pieles, que lo usaban para tratar el cuero, y por los lavanderos, que lo empleaban como producto de limpieza por su contenido en amoniaco. El avaricioso emperador obligó a pagar a todos los artesanos que utilizaban la orina pública en sus negocios. Cuando el hijo de Vespasiano se enteró del nuevo impuesto, le reprochó su impúdica codicia. Vespasiano le colocó bajo la nariz una moneda de oro recién cobrada gracias a aquel tributo y le preguntó cínicamente si olía mal. El emperador sabía que, aunque provenga de las alcantarillas, el dinero nunca apesta.

No se vayan

Uno de los alegatos más conmovedores que se han pronunciado llamando al público en apoyo de la creación artística tuvo lugar en la antigua Roma, hace veintitrés siglos. Se estrenaba una obra teatral que después perduraría a través del tiempo, *La suegra*, de Terencio. Allí la protagonista se ve acusada de haber provocado, por su mal carácter, un alejamiento entre su hijo y su nuera. La perplejidad de este personaje, que no tiene culpa, inicia una trama cuajada de secretos e intrigas que se van revelando gradualmente al espectador, pero no a los implicados. El desenlace, de una gran modernidad, resuelve la situación sin que la mayoría de personajes lleguen a enterarse de lo realmente sucedido.

Se ha conservado el discurso que pronunció el viejo director de la compañía después de dos fracasos sucesivos. Hay que imaginarlo a solas sobre el escenario antes del tercer intento, pidiendo otra oportunidad a los espectadores: "La primera vez que presenté *La suegra*, la competencia de unos púgiles me arruinó. De nuevo la traje a la escena. Cuando llegó el rumor de que había una pelea de gladiadores, la gente salió corriendo a buscar sitio. Hoy se me ha dado otra ocasión. Por favor, quédense y presten atención para que otros poetas tengan ganas de seguir escribiendo y yo la posibilidad de seguir trabajando. Sean mis valedores y sostengan con su prestigio mi prestigio".

Siempre habrá otros entretenimientos más fáciles y baratos que el arte. Pero el futuro de la creación está en manos de un tipo muy especial de público, que busca sin complejos formas más complejas de diversión.

La caja de Pandora

Somos habitantes de la espera. Vivimos ansiosos de que lleguen cambios, éxitos, el fin de semana, el próximo verano, una voz al teléfono, un enamoramiento. Las esperanzas, que nos impulsan cada día, pueden ser un don y una dificultad. Nos ayudan a avanzar, es cierto, pero también nos cargan de expectación y ansiedad; mantienen vivo el deseo, pero a cambio alimentan nuestra permanente insatisfacción.

Según una leyenda griega, todos los males estaban ocultos en una vasija sellada que los dioses confiaron a la primera mujer, Pandora, sin revelarle su contenido, advirtiéndole que no debía abrirla. Asediada por la curiosidad, ella destapó la vasija. De su interior salieron las enfermedades, la pobreza, los dolores, la soledad, el desengaño y la muerte. Las desgracias se esparcieron veloces por toda la Tierra y en el fondo de la tinaja solo quedó flotando la esperanza. Por eso decimos "abrir la caja de Pandora" cuando un acto, en apariencia inofensivo, tiene consecuencias enormes y catastróficas. Más allá de la misoginia latente, el mito es curioso en su ambigüedad: la esperanza es un mal, puesto que estaba en la vasija; pero a la vez un bien, ya que no escapó con las otras calamidades. Los griegos pensaban que nuestras ilusiones, aunque son tal vez engañosas, nos alegran la vida. Y es que, en el fondo, a todos nos gusta caer en el dulce señuelo de los sueños.

La memoria de los muros

Vivimos en varias épocas a la vez: la era tecnológica y los viejos tiempos. Cuando creíamos que los únicos muros del futuro estarían en Facebook, vuelven con fuerza los anticuados telones de acero y hormigón. Cuando los mensajes, las imágenes y sobre todo el dinero viajan instantáneamente por un mundo hiperconectado, las personas son retenidas por vallas electrificadas.

El muro más ambicioso jamás concebido es la Gran Muralla china: más de veinte mil kilómetros de fortificaciones construidas y reconstruidas a lo largo de once siglos, desde la frontera con Corea hasta el desierto del Gobi. Miles, tal vez millones de trabajadores murieron durante las largas obras. Fue edificada para proteger al rico imperio chino de agresiones exteriores, pero resultó poco eficaz y no consiguió frenar las invasiones de Gengis Kan ni el ataque manchú. La historia de esta quimérica fortaleza es toda una lección sobre la falsa seguridad de las vallas. Como escribió Heráclito, los pueblos deben combatir más por la ley que por las murallas de su ciudad. Los muros no nos salvan, su única función es proteger los miedos: dibujan una línea imaginaria entre nosotros y los otros, entre la civilización y la presunta barbarie. Se construyen hacia el interior, creyendo que se puede encerrar fuera a los demás. En realidad, los prisioneros mentales son los de dentro.

Medianía

Hay momentos en los que la furia de los acontecimientos parece obligarnos a tomar partido drásticamente, sin matices, y cualquier intento de valorar los hechos con mesura se apaga sin eco en la refriega. En cambio, a ojos de grandes pensadores antiguos, la ecuanimidad era un ideal de vida.

El filósofo Aristóteles creó la célebre doctrina del justo medio. Según esta teoría, lo más meritorio es abrir una senda entre el exceso y el defecto, encontrar ese dorado término medio que siempre recibe ataques desde las trincheras de todos los radicalismos. Era una tesis valiente, que no implicaba ampararse en la ambigüedad calculada ni en la indecisión, sino actuar reflexivamente en el difícil equilibrio de los asuntos humanos, resistiendo el ímpetu de las corrientes desbocadas. Para Aristóteles, además, hay una conexión entre la vida individual y la colectiva, porque también en la sociedad es saludable que predominen los medianos, aquellos que pueden llevar vidas esperanzadas y estables. Aristóteles escribió: "Se gobiernan bien las ciudades donde la clase media es numerosa y más fuerte". El ideal político del filósofo se cumplía si, gracias al protagonismo de la educación y la libertad, la clase media llegaba a ser más abundante que la suma de los privilegiados y los desesperados. En opinión de Aristóteles, la excelencia era precisamente el triunfo de la medianía.

Vivir en público

La intimidad está muriendo, dicen. Cada vez estamos más dispuestos a exponernos en la red y nos apasiona espiarnos mutuamente. Si sigue esa evolución, perecerá la experiencia de lo recóndito, lo reservado, lo misterioso. Para los sabios del pasado, la intimidad, ese territorio interior a salvo de la vigilancia social, era una forma esencial de libertad. Sin embargo, a nosotros nos seduce tanto llamar la atención que olvidamos el riesgo de ser controlados. Dejamos que en nuestra vida cotidiana se inmiscuyan miradas ajenas y marcas publicitarias, que para incitarnos al consumo buscan conocernos y clasificarnos. El capitalismo favorece todo lo privado, menos la vida privada.

Cuenta el historiador Heródoto que el rey de Lidia, Candaules, enamorado de su mujer, la creía más bella que ninguna, pero le aguijoneaba que los demás lo ignorasen. Por eso dijo a uno de sus oficiales: "Creo que a pesar de mis palabras no calibras la arrebatadora belleza de la reina. Quiero que la veas desnuda con tus propios ojos". El oficial se resistió, pero acabó acatando la orden. Esa noche se escondió tras la puerta de la alcoba real y contempló a la reina conforme se iba quitando sus túnicas. La mujer vio su sombra furtiva y sintió una indescriptible humillación. Al día siguiente llamó al oficial y le obligó a ser su cómplice: "O bien matas al rey y te casas conmigo, o bien eres tú quien morirá por haberte prestado a tal infamia". Ante tan escalofriante opción, el oficial decidió derrocar a su señor. Así Candaules, pionero de la sobreexposición pública, perdió el poder por no tener pudor.

Frágil democracia

La democracia es un sistema frágil ya desde su invención en la antigua Atenas. No hay sistema político más expuesto a la crítica permanente, los vaivenes de la discusión y la erosión del descontento.

En la Antigüedad, la democracia ateniense duró, con intermitencias, apenas dos siglos. Vivió su apogeo bajo el gobierno de Pericles, que proclamó un exigente ideal para esta joven forma de gobierno. En un inolvidable discurso, recogido por el historiador Tucídides, Pericles definió las cuatro cualidades que, a su juicio, debía poseer el buen gobernante: primero, tener ideas sobre lo que conviene hacer; segundo, saber explicarlas con claridad para convencer; tercero, ser amante de la ciudad; y cuarto, no aceptar sobornos. Lo argumentó de una forma que mantiene plena vigencia: "El que sabe y no lo explica con claridad es igual que si no lo hubiera pensado; el que tiene ambas cosas, pero no ama la ciudad, no mira por el bien de la comunidad; y, si se doblega al dinero, todo se pierde por esa sola razón". Estas palabras suponen un gran cambio de mentalidad: el gobernante ya no se define por su poderío guerrero o sus derechos divinos, sino por el servicio que prestará a los ciudadanos en su conjunto y por su fortaleza frente a la tentación del cohecho. Es esencial no plegarse al poder de la riqueza, porque la libertad de todos depende de los límites del dinero.

Gente esperanzada

Vivimos tiempos contradictorios, en los que nos abruman con datos catastróficos, pero a la vez nos reclaman confianza. En realidad se nos pide esperanza, pero la esperanza es siempre ambigua, mezcla de conciencia del error con la ilusión de una mejora, edificada sobre la duda y sobre las carencias percibidas. Estos claroscuros de la esperanza los conoció el poeta griego Esquilo. Vivió una época de fuerte pugna entre dos bandos que escindían la joven democracia ateniense, sometida a peligros interiores y exteriores. En sus obras teatrales, los personajes sufren para llegar a aprender que toda armonía es siempre el resultado de una fuerte tensión. Esquilo creía que, pese a tantos intentos fallidos, es posible reconciliar autoridad y comprensión, poder y libertad, y por eso las suyas son tragedias abiertas al optimismo.

Veinticinco siglos después, Albert Camus, otro autor dividido entre vitalidad y pesimismo, se inspiró en el mito de Sísifo para exponer cómo el verdadero espíritu de lucha se niega a ceder a la desilusión. Sin creer en el triunfo completo de las grandes aspiraciones, proponía trabajar por ellas. Defendía que deberíamos ser capaces de reconocer el mal en toda su fuerza destructiva, pero, a falta de la seguridad definitiva, actuar como si el mal pudiera ser derrotado. El respeto por uno mismo, pensaba Camus, crece en el esfuerzo de aceptar primero, y luego transformar, las verdades dolorosas.

También nosotros necesitamos alguna forma lúcida de ser optimistas, es lo único que podemos permitirnos. El pesimismo trágico tendrá que esperar a tiempos mejores.

Amores varios

Llamamos *amor* a una variedad tan grande de sentimientos, a una gama tan extensa de emociones, que a duras penas conseguimos entendernos. Convendría precisar. Los griegos hacían una distinción para resolver ambigüedades que todavía hoy puede resultarnos esclarecedora.

Eros representaba para los griegos el amor movido por el deseo, la pasión amorosa. Según Platón, "lo que no tenemos, lo que no somos, lo que nos falta, he aquí los objetos del deseo y del amor". Es el amor que intenta poseer, que se basa en una carencia y que es insaciable. Porque una carencia satisfecha desaparece como carencia. Es el deseo urgente que se desvanece al satisfacerlo. Cuando consigue lo que quiere, quiere otra cosa y vuelve a sentir afán. Su lógica es tender siempre hacia lo que le falta y creer que le hace falta.

Existe también lo que los griegos llamaban *filía*. De esta variedad de amor se ocupó especialmente Aristóteles. Es el afecto, el aprecio por lo que no nos falta. Amar es alegrarse, escribió Aristóteles. Alegrarse por lo que se recibe y sentir cariño por la causa de esa alegría. Habitualmente se traduce *filía* por *amistad*, pero es una interpretación reductiva que trata de trasladar al griego nuestra dicotomía amor/amistad. Sin embargo, Aristóteles llama *filía* al amor entre padres e hijos y al amor entre los esposos. La verdadera diferencia es que ejercitamos la alegre *filía* cuando deseamos lo que hacemos, lo que somos y lo que tenemos. Es saber gozar sin carencia previa, sin rechazar hastiados lo que logramos. Aristóteles aconsejaba practicar en todo la *filía*, o sea, ser pánfilos.

Expiación

En un episodio de *Los Simpson*, Homero asesora con cinismo a sus compañeros de trabajo: "Si algo va mal en la central nuclear, culpad al tipo que no habla inglés". Es un resorte primitivo que sobrevive en nuestras mentes: la tentación de echarle el muerto a otro. Lo seguimos haciendo, en la vida privada y en la colectiva. Y el mejor candidato es siempre el más desprotegido.

Antiguamente los judíos elegían un macho cabrío, lo llevaban al desierto y lo apedreaban para que pagase por los pecados de la comunidad. De ahí viene la expresión *chivo expiatorio*. En tiempos de las cruzadas se pensaba que las cabezas de turcos decapitados purgaban todos los males. Los atenienses celebraban sus fiestas Targelias, a fin de mayo, con el sacrificio ritual de dos personas a quienes culpabilizaban del hambre, las sequías, pestes o terremotos. Las arrastraban fuera de la ciudad y algunas veces se limitaban a desterrarlas, pero a menudo las lanzaban por un precipicio, las lapidaban o las linchaban. Creían que el mal siempre viene de fuera y debe ser expulsado con violencia. Solían escoger a esclavos, extranjeros, enfermos, individuos con malformaciones, gente sola. Llamaban a su víctima propiciatoria *pharmakos*, de donde procede nuestra palabra *fármaco*, como si su sangre eliminase la enfermedad. Todavía hoy algunos quieren alcanzar la salud social extirpando al extraño.

Un héroe de nuestro tiempo

En la mitología griega Hércules fue condenado por un crimen, que era fruto de su inconsciente locura, a realizar diez trabajos a las órdenes del rey Euristeo. En lucha con fieras infernales, se embarcó en una serie de tareas agotadoras, en apariencia imposibles y sin remuneración.

La trayectoria laboral de un héroe exige grandes dosis de flexibilidad y capacidad de adaptación para mantenerse en un negocio tan competitivo, y Hércules aprendió rápido. Llegó a adquirir tanta soltura en la eliminación de monstruos que estos empezaron a escasear, y Euristeo decidió deslocalizar los trabajos enviándolo por todo el mundo e incluso al reino de los muertos para explotar los recursos todavía intactos en materia de seres fabulosos.

Aprovechando que Hércules no podía hacer ascos a ninguna tarea, Euristeo le mandó limpiar los establos del rey Augias, en los que durante generaciones nadie había retirado el estiércol. Hércules, como los mafiosos napolitanos muchos siglos después, pensó que la gestión irregular de los residuos podía llegar a ser una empresa muy lucrativa, así que regateó con Augias hasta que este le prometió parte de su reino a cambio de la retirada de la basura. Hércules desvió dos ríos para facilitar el vertido de toda aquella porquería, pero no consiguió los soñados beneficios por sus delitos ecológicos. Augias le negó el salario pactado y además Euristeo no quiso contárselo para el cómputo de los diez trabajos porque había intentado facturarlo a otro rey. En el terreno de las gestas heroicas, Euristeo era partidario de imponer el régimen de lo gratuito.

Populismo

En los últimos años hemos incorporado la palabra *populismo* al vocabulario político. En general se utiliza para desacreditar al adversario, acusándole de tácticas manipuladoras: liderazgo carismático, retórica agresiva, política-espectáculo y el señuelo de promesas irrealizables.

Su origen remonta al *populus* de Roma. En la convulsa República surgieron líderes partidarios del pueblo —entre ellos los Gracos o Julio César— que, dando poder a las asambleas y magistraturas de la plebe, pretendían aprobar reformas destinadas a un reparto más justo de la tierra, el alivio de las deudas y mejores condiciones de vida para los más pobres. Sus violentos contrincantes fueron los *optimates*, el grupo más conservador de la aristocracia, que quería mantener a la plebe como simple espectadora de la política. Los *optimates* acusaban al bando popular de forjar una alianza interesada con el pueblo para ascender al poder. El sufragio universal de nuestros días ha dado la razón a quienes luchaban por ampliar la participación política. Sin embargo, la nerviosa democracia actual, con sus líderes y asesores obsesionados por la presencia mediática, los eslóganes y los vaivenes de las encuestas, alimenta esa dimensión oportunista. Los candidatos en campaña se empeñan en decir lo que la gente quiere oír: los métodos demagógicos, y no las ideas, provocan la impopularidad del populismo.

Edificar

La especulación inmobiliaria y los despropósitos de la construcción no son una lacra exclusiva del presente. La Roma imperial conoció su propia burbuja, a causa de la cual la ciudad vivía casi suspendida en el aire, pues el afán de lucro llevaba a elevar cada vez más los edificios. En estos rascacielos antiguos, constructores y contratistas economizaban todo lo posible reduciendo la resistencia de la obra y rebajando la calidad de los materiales. Las ganancias eran fabulosas y numerosos los derrumbamientos. Marcial, llegado a Roma desde Bílbilis, donde la clase media provinciana aún creía en los frutos del trabajo, no podía contener la indignación y escribió con sarcasmo: "¿Para qué confiar la educación de tu hijo a un maestro? Por favor, no le insistas en que se dedique a estudiar. Si sirve para ello, haz de él un perito tasador".

El problema también alcanzó a la administración y gestó casos de corrupción o derroche del dinero público. Hace unos dos mil años, el emperador Trajano investigó la desastrosa gestión de varios gobernadores en la actual Turquía. Así afloraron escándalos de obras inacabadas, ideadas de forma equivocada, que requerían recursos ingentes a menudo mal utilizados. En la capital de la región se gastaron enormes cantidades en hacer un acueducto para traer agua corriente a la población, pero la obra quedó incompleta, fue abandonada y finalmente demolida. Los disparates de la especulación inmobiliaria se repiten siglo tras siglo, ya que caemos una y otra vez en la tentación de un modelo económico contra el que hace falta más crítica constructiva.

Esos locos desinteresados

El beneficio económico es nuestro metro de platino iridiado, la medida de todas las cosas. A nuestros estudios, trabajos y aspiraciones se les exige una utilidad inmediata, y todo esfuerzo que no es rápidamente rentable parece ingenuidad o capricho de soñadores. Estas ideas hieren de muerte la enseñanza y la investigación.

Cuenta una anécdota que, hace veinticinco siglos, el matemático griego Euclides enseñaba sus teoremas en Alejandría. Tras dar a conocer las bases de toda nuestra geometría, un estudiante le preguntó: "¿Qué ganancia conseguiré con esto?". Euclides, irritado, llamó a un esclavo y le ordenó que le diera una moneda, "ya que este necesita sacar algún beneficio de lo que aprende". En realidad, los descubrimientos que han transformado nuestras vidas nacieron de la curiosidad apasionada y el deseo de extender los límites del conocimiento. La electricidad es un hallazgo de infinitas aplicaciones prácticas, pero Faraday, que hizo un trabajo pionero y esencial para el desarrollo eléctrico, era un científico absorto en desenmarañar los enigmas químicos y físicos del mundo. En nuestra época materialista, muchos investigadores siguen explorando con su imaginación territorios abstractos poblados de números, fórmulas e ideas. Los avances técnicos, que ciertas personas pragmáticas convierten en negocio, necesitan a esos locos desinteresados.

Hijos del dinero

Los últimos años nos han enseñado que el dinero puede ser virtual, cifras que ascienden vertiginosas en pantallas de ordenadores, cantidades que cambian de manos y forman parte de juegos bursátiles trepidantes gracias a la velocidad informática, transformándose en ganancias o pérdidas en cuestión de segundos. Nuestra perplejidad ante los malabarismos especulativos puede parecernos un rasgo muy actual, pero ya los antiguos griegos, a su escala, sintieron asombro por los mecanismos de multiplicación del dinero frente a la riqueza derivada del trabajo.

En la economía del canje, un bien se intercambia por otro bien. El dinero nació para servir como valor de cambio. Muchos artículos han circulado a lo largo del tiempo, facilitando el pago en las transacciones: cabezas de ganado, conchas, tabaco, whisky o especias. La palabra *salario* remonta a los tiempos de los romanos, cuando se pagaba con sal. Pero durante siglos se impuso la moneda de metal, que, según los historiadores antiguos, empezó su trayectoria hace menos de treinta siglos. Aristóteles analizó en su obra la novedosa dimensión del dinero que se multiplica como si tuviera hijos en forma de intereses. Para los sabios antiguos era sorprendente que el dinero, mero instrumento de cambio, fuera capaz a su vez de reproducirse y generar más dinero. Junto a sus ventajas prácticas, empezaban a experimentar las consecuencias inesperadas de la economía monetaria: el afán de ganancia acumulativa y el lucrativo negocio de la usura. La posibilidad de ganarse el pan con el sudor del de enfrente.

La invención del éxito

En el territorio sin fronteras de internet, todos podemos conocernos y buscarnos. Sin embargo, las redes sociales, con esas sutiles herramientas que nos acostumbran a desear la aprobación ajena, han sido diseñadas para hipnotizar nuestra atención y alimentar nuestro ego. Más que comunicarnos, jugamos a mirar y ser admirados. Ante las radiantes pantallas plateadas, donde fingir es más fácil, aparentamos triunfos y ocultamos fragilidades. A través de fotos y frases seleccionadas nos inventamos nuevas identidades, versiones mejoradas de nosotros mismos. Asusta pensar que en esta fiesta permanente de la realidad maquillada, donde chirría hablar de fracaso o soledad, corremos el riesgo de alimentar la frustración de otros con nuestras fantasías de éxito.

El emperador Marco Aurelio podía jactarse de ser el hombre más poderoso de Roma. Sin embargo, en sus *Meditaciones* se desnuda de todos los adornos y reconoce sus desengaños. Pasó la mayor parte de su reinado luchando en las fronteras contra hordas invasoras, vivió un matrimonio desgraciado y tuvo una relación difícil con su hijo. Escribió: "Lo que vemos es una perspectiva, no es la verdad; lo que oímos son opiniones, no hechos. No malgastes la parte que te resta de vida, si no es por el bien común, en representaciones sobre el prójimo". Marco Aurelio sabía que no es sincero todo lo que reluce.

Mansiones verdes

Como especie, tuvimos en los árboles nuestra primera casa y todavía hoy en ellos reconocemos una antigua morada. Quizá nuestro ímpetu inmobiliario debería trasladarse al cultivo de los jardines, donde las plantas crecen como rascacielos benignos que nos alegran la vista. Siempre suena un acorde apasionado cuando alguien dice: "Estos árboles los planté yo mismo". Con la llegada de la primavera, el hortelano siente un empuje vital en su propio interior al ver hincharse las yemas. El jardinero adiestra su mirada en las mudanzas de las especies y en el retorno de las flores y de las estaciones, y así se vuelve paciente y leal. El paisaje cambia y nos cambia.

Wang Wei fue uno de los grandes poetas chinos del siglo VIII. En el jardín de su casa y alrededores pasaba sus ratos de ocio y descanso. Paseaba, meditaba y escribía poesía, acompañando a la naturaleza en sus tránsitos y sus renacimientos. Sus palabras nos llevan a un viaje interior que calma, a la manifestación luminosa de la vida: "En hileras separadas / se suceden bellos árboles / sus sombras invertidas / traspasan las ondas claras".

Virgilio era un poeta romano que conoció el desgarro de la guerra civil en su patria. Para curar esas heridas escribió sobre el campo y la sana belleza de los huertos. Estaba convencido de que hay una relación profunda entre los árboles y la paz, porque quien dedica mucho esfuerzo a proteger los frágiles brotes de sus plantíos se vuelve enemigo de la destrucción. Para los dos poetas, los jardines eran los lugares donde, dejando atrás otros afanes, la mirada se posa y por fin reposa.

De buena tinta

Leer nos ayuda a hablar. Gracias a la lectura conquistamos habilidad verbal y abundancia. Así nuestras ideas, llevadas por un impulso fácil, se transforman más ligeras en palabras. "Los libros hacen los labios", escribió Quintiliano hace unos veinte siglos, con el aval de una larga trayectoria. Trabajó durante veinte años en Roma como maestro de retórica, es decir, como experto en el uso de palabras certeras y poderosas. Su profesión le hizo comprender que en lo leído está el vocabulario de nuestras propias vidas, con el que se las contamos a los demás y nos las contamos a nosotros mismos. En el día a día, todos somos a nuestra manera narradores que pretenden convencer y encantar, y para eso necesitamos los libros.

El filósofo Séneca encontraba otras ventajas. Pensaba que amplían nuestro corto tránsito vital, porque quien lee añade a su vida la de todas las épocas, y de esa forma miles de años de conocimiento se funden con el suyo. El tiempo de cada lector se alarga por la confluencia entre la realidad vivida y la imaginaria. Séneca veía en los libros, que se abren ante nosotros en toda su plenitud y no nos dejan marcharnos con las manos vacías, la puerta sin cerradura de una fabulosa cámara del tesoro. A veces encontramos en una página, prodigiosamente transparentes, ideas y sentimientos que en nosotros eran confusos, y así la vida nos parece menos caótica. A través de los libros entendemos los motivos propios y ajenos y estamos mejor situados para descifrar el mundo. La lectura nos vuelve curiosos, pero no crédulos: también de este peligro nos libran los libros.

Tras la alegría

Nada está completo sin la alegría; por eso andamos siempre en su búsqueda y persecución. Es muy duro empezar una jornada que no promete ninguna alegría, ningún aliciente contra la fatiga cotidiana. Necesitamos que la alegría exista como posibilidad, sentir que puede nacer de un momento a otro, creerla al alcance. Beethoven lo sabía porque sufrió una infancia triste. Cuando cumplió cuatro años, su padre, que quería convertirlo en un niño prodigio como Mozart, empezó a enseñarle violín y clave, sin permitirle apenas hacer otra cosa. La disciplina era férrea, a veces tenía que mantenerse despierto toda la noche al piano, llorando. Durante años le faltó descanso, estuvo mal alimentado, no disfrutó de tiempo libre y recibió un trato muy severo. Surgió de aquellos recuerdos el proyecto de ponerle música a la *Oda a la alegría*, del poeta Schiller. Beethoven imaginó un gran coro que cantaba: "Alegría, donde repose tu suave ala todos los hombres serán hermanos". Con el tiempo, acabaría formando parte de su Novena y última sinfonía. Cuando el público lo escuchó por primera vez, estalló en júbilo.

En 1985, la Unión Europea adoptó este himno, creado por dos alemanes, como uno de sus símbolos, argumentando que celebraba los valores compartidos. Ante las angustias económicas que vivimos hoy y la fractura creciente entre el norte y el sur, nos preguntamos qué ha sido de esa Europa de la alegría a la cual queríamos pertenecer. "Destruyamos nuestro libro de agravios", escribió Schiller en su *Oda*, soñando un continente con los medios y sin los miedos para hacerlo realidad.

Mientras todo duerme

La noche tiene sus náufragos. Son esas personas que tienen los ojos abiertos en la oscuridad, anticipando el cansancio del día siguiente, pero seguros de que no dormirán más. En su insomnio, acechan los ruidos, reconocen el paso de las horas en la intensidad de las tinieblas, escuchan la radio o se levantan a dar unos pasos mecánicos. Todos estos náufragos se parecen, pero cada uno se siente el único al que han dejado solo en medio de una multitud que reposa.

Hace algo menos de veinte siglos, un poeta romano llamado Estacio conoció el destierro nocturno del insomnio. Para acortar la espera de la mañana, escribió una plegaria al sueño. Estacio imaginaba la naturaleza entera cayendo suavemente en el alivio y el olvido, de donde solo él quedaba excluido: "Calla todo el ganado, los pájaros y las fieras, / y los árboles, reclinados, simulan un agotado reposo. / Disminuye el estruendo de los ríos bravos, se alisa el rizado / del agua, y los mares descansan, arrellanados sobre la tierra. / La séptima Luna contempla cómo velan mis penosos ojos". ¿Cómo podré resistir?, se pregunta Estacio. Sabe que en algún otro lugar, bajo el manto de la misma oscuridad, un hombre estará abrazando a una mujer, así que pide al dios que le conceda el sueño que los amantes renuncian a dormir. Y, si toda una noche de reposo es un exceso, suplica al menos que le roce el dios del descanso: "Tócame solo con la punta de tu vara / (con eso basta), o pasa junto a mí suavemente de puntillas". En la honda noche, quien está despierto sueña con dormir, pues el encuentro diario con la nada lo es todo.

Clientelismo

La generosidad de los poderosos resulta peligrosa cuando se practica a costa de todos nosotros. Las redes de clientelismo nacen precisamente de estas solidaridades envenenadas. Los dirigentes favorecen con sus decisiones a sus protegidos y ellos a su vez los perpetúan en el poder. El precio es la privatización del bien común.

En la antigua Roma, un hombre rico, además de tierras y esclavos, tenía una clientela. El número de clientes que gravitaba alrededor de cada familia era un indicador de su poderío. Todos ellos debían visitar cada mañana a su patrono en un despliegue de adulación llamado *saludo matinal*. Madrugaban, vestían la engorrosa toga y hacían antesala pacientemente, pues se les recibía no por el orden de llegada, sino en función de su lugar en el escalafón social. A cambio, conseguían una pequeña suma de dinero, un salario mínimo mensual que les ayudaba a subsistir. Si no querían volver con las manos vacías, debían llamar *señor* al patrono, precursor de nuestros modernos caciques. Se esperaba que lo escoltasen en sus recados, obedeciesen sus órdenes y votasen según sus instrucciones. En medio de esta parafernalia de favores, servilismo y halagos, las asambleas y votaciones derivaban en un mero simulacro. Lealtades y cargos dependían de esta pirámide de poder donde, a diferencia de las proclamas capitalistas, el cliente nunca tenía razón.

Genios

El talento es misterioso. ¿De dónde viene, cómo surge? Percibi-
mos que ciertas personas son capaces de dejar huella en el tiempo
gracias a su habilidad para crear belleza o ideas poderosas, pero no
sabemos explicar ese extraño don. Los antiguos romanos creían
que cada persona estaba protegida desde su nacimiento por un
diosecillo tutelar llamado *genius*. Ese mágico acompañante ayudaba a su ahijado humano durante toda la vida y se ocupaba de que
su existencia trascendiera de generación en generación. El talento
excepcional se debía al favor de un *genius* especialmente poderoso.

En nuestros días, llamamos *genios* a los individuos —artistas,
pensadores, científicos— más extraordinarios, si bien asociamos
sus fascinantes cualidades con una inteligencia privilegiada. Cu-
riosamente, los estudios científicos sugieren que la genialidad no
se puede predecir a partir del coeficiente intelectual. Algo esencial
escapa a los test de inteligencia. Tal vez la fantasía creativa, que no
se deja atrapar en cifras ni medir a través de pruebas. O quizás esa
capacidad, que a los romanos les parecía inspirada por un duende
mágico, de abrir nuevos caminos y hacer lo nunca visto, a la que
los psicólogos llaman *pensamiento divergente*. O el tesón necesario
para la búsqueda continua de rutas no trilladas. El ingrediente in-
descifrable sigue ahí: el genio no lo explican los genes.

Los funerales de la fama

Llamamos *estrellas* y *astros* a los más famosos, como si el éxito fuese una forma de combustión, una luz destructiva. Y es que, en el mundo del espectáculo, cuanto más repentino y multitudinario resulta el ascenso de una figura, más fácil es que se consuma ante los ojos de un público fascinado al comprobar que el fracaso acecha en el corazón mismo del triunfo. Esas jóvenes víctimas del exceso son los nuevos ícaros.

Cuenta la leyenda griega que Dédalo, arquitecto del famoso Laberinto de Creta, fue encerrado en su propia construcción a solas con su hijo Ícaro. Dédalo, desesperado por su cautiverio, miraba fijamente el paso de los pájaros por el cielo sin pasillos. Así se le ocurrió una treta que les salvaría. Fabricó con plumas y cera unas alas que mediante un arnés se ajustaban a los hombros. De esa manera, los dos eran capaces de remontar el vuelo como las aves verdaderas. El joven Ícaro vistió sus alas y se elevó, ignorando que había recibido un peligroso regalo. "Mantente lejos del sol —le advirtió su padre— o las plumas arderán". Pero los consejos se perdieron en la brisa. Ícaro subió cada vez más alto, gozando de su atrevido vuelo, decidido a llegar más arriba que nadie. Entonces el sol empezó a derretir la cera y las alas se deshicieron suavemente, pluma a pluma, hasta dejar a Ícaro agitando los brazos desnudos en el aire. El imprudente cayó en picado y las aguas azules lo engulleron de golpe. De su ascenso fulgurante solo quedaron unas plumas mecidas por las olas. El mito sirve para recordar cuánto peligro entrañan las llamadas y las llamaradas de la fama.

El reto de la abundancia

El sobresalto que nos ha causado la crisis demuestra que hemos dejado muy atrás y muy deprisa nuestro pasado de país pobre, aunque todavía hay mucha gente con un recuerdo vivo, biográfico, de aquel tiempo. Durante las décadas de desarrollo hemos olvidado la sabiduría de la escasez, que enseñaba a abstenerse, a conservar y a reparar. A cambio hemos descubierto que también existe una sabiduría de la abundancia y que exige más criterio. Debemos poner freno nosotros mismos a nuestra voracidad. Tenemos que encontrar nuestro propio camino entre la desmesura y la insuficiencia. La necesidad y las prohibiciones nos ahorraban el esfuerzo de elegir.

En el fondo, la democracia y la sociedad abierta plantean el gran problema de optar allí donde los excesos son posibles. Nuestras mayores complicaciones empiezan paradójicamente cuando podemos hacer lo que queremos. Tal vez, la sabiduría consista en aprender a equilibrar el difícil engranaje de la libertad y los propios miedos. En tiempos exuberantes, las numerosas opciones nos paralizan: ahí nace la difusa ansiedad de los prósperos. El historiador romano Tácito, lúcido observador de la naturaleza humana, escribió hace unos veinte siglos que la mayoría de los seres humanos no soportan ni una gran sumisión ni una gran libertad. Y es que la sumisión nos limita, pero la libertad nos descubre nuestras limitaciones.

Sueños amurallados

A medida que nuestra cultura, nuestro lenguaje y nuestra forma de vida se vuelven más mestizos, la fantasía del país amurallado gana adeptos. Algunos europeos recaen en el sueño del territorio cerrado a cal y canto, de la fortaleza, el foso y el puente levadizo donde parapetarnos y elegir a quién permitimos entrar.

Cuenta una leyenda griega que en la rica isla de Creta había un feroz guardián de las costas. Era un autómata de bronce dotado de una capacidad infatigable de vigilancia. El rey Minos le había ordenado impedir la entrada de extranjeros a sus prósperos dominios. Cada día, el autómata armado patrullaba en busca de los viajeros clandestinos que intentaban desembarcar sin permiso del monarca. Después de darles caza, se calentaba al rojo vivo, oprimía a los desgraciados entre sus brazos y los quemaba. El cuerpo del autómata era invulnerable, a excepción de una pequeña vena cerrada por una clavija, el único componente humano en su estructura metálica. La hechicera Medea, compañera del héroe Jasón, paralizó al gigante de bronce con sus conjuros, arrancó el clavo que protegía su única vena y lo dejó desangrarse. El mito demuestra que cerrar las fronteras es una fantasía reincidente de los territorios ricos. Y nos advierte que, si no franqueamos el paso, alguien forzará los cerrojos por medios oscuros: en la leyenda la maga, hoy las mafias.

Idilio muerto

Hace falta valor para aceptar que una relación ha terminado: el desamor no se atreve a decir su nombre. La separación, aunque se intuye mucho antes de que suceda, hunde en la carne un bisturí de dolor y es el principio de dos convalecencias. En la *Odisea*, Homero describió una de esas rupturas, tan antiguas como el propio anhelo de amar.

Ulises naufragó junto a la isla de Ogigia, en algún lugar del Mediterráneo. Allí vivía una diosa, Calipso, rodeada de un vergel de violetas, chopos y fragantes cipreses. Calipso recogió, cuidó, amó y retuvo a Ulises durante diez años, pero un día él se alejó para pasear a orillas del mar, escuchando las suaves detonaciones del oleaje y deseando zarpar. Los dioses olímpicos oyeron sus suspiros y ordenaron a Calipso devolverle la libertad de partir. Calipso obedeció y caminó hacia la playa —pasos amargos— donde Ulises lloraba su nostalgia. Le dijo que le daría provisiones para el viaje y que haría soplar vientos favorables para devolverle a su país. La ternura y el desengaño de sus palabras pasaron desapercibidos a Odiseo, que escuchó con hartazgo y desconfió de su promesa. Calipso, enojada, le dijo: "Eres injusto. ¿Cómo tienes el valor de dudar de mí que te salvé? No preparo ninguna trampa ni te haré daño. Vete y que seas dichoso". El mutuo impulso de recriminarse su actitud, la de retener y la de huir, les reveló de golpe el abismo entre ellos. Hacía tiempo que Ulises ya no amaba a su compañera. El héroe navegante creía que los idilios son un refugio transitorio en este mundo nómada y que nunca deberíamos confundir amar con amarrar.

Zona de sombra

Corrupción es una palabra que viene del latín y significa "unirse para quebrantar". El término mismo habla del pacto entre el poderoso tentado por una oferta ilícita y el particular tentado por un posible atajo para forzar el espíritu de las leyes. Es una moneda con dos caras (duras). Es cierto que la corrupción siempre ha existido en todos los engranajes políticos y económicos, pero no por eso debe cesar la lucha por desenmascararla, conocer sus límites, diferenciar sus grados y desmantelarla una y otra vez. Por otro lado, en época de escándalos se corre el riesgo de caer en una desconfianza generalizada y disculpar provechos propios ante la enormidad de las trampas ajenas. La honradez existe, y meter a todos en el mismo saco es una victoria de los impunes.

Montesquieu escribió que fue Julio César quien generalizó la costumbre de corromper como mecanismo de financiación política. Los gastos electorales en Roma antes de la era de la publicidad y las apariciones televisivas eran ya enormes. Julio César financió su campaña al consulado recurriendo a los fondos del rico constructor Craso, al que recompensó después con contratos públicos como la concesión del servicio de bomberos. Cuentan que los esbirros de Craso acudían a las viviendas en llamas y exigían al afligido propietario una suma exorbitada por sofocar el fuego. Si aceptaba, Craso se enriquecía. Si no, dejaban arder la casa, Craso compraba el solar, construía y se enriquecía de todas formas. Dice el refrán que más vale maña que fuerza. Y Craso añadiría que lo que más vale es una contrata amañada.

Rompecabezas

Aunque escuchamos una loa constante de la competencia, no deberíamos olvidar que somos animales solidarios por instinto. Incluso Darwin, al que debemos una cruda imagen de la vida como rivalidad, defendió que existen instintos de generosidad hacia el prójimo tan poderosos como los del interés egoísta. La cooperación y la ayuda son impulsos innatos que nos han sido útiles en la dura lucha por la supervivencia.

En realidad, algunos antropólogos plantean una curiosa paradoja: les va mejor a los individuos egoístas por separado, pero en conjunto son más eficaces las sociedades altruistas. La gran pregunta es cómo construir grupos colaboradores allí donde los individualistas conquistan las mejores recompensas. El filósofo Epicteto, que conoció largos años de esclavitud y más tarde fue liberado, sabía hasta qué punto dependemos de los demás. Según sus discípulos, solía decir que nadie es una entidad aislada, sino una pieza esencial del rompecabezas de la humanidad. "Todos formamos parte de una comunidad humana vasta, intrincada y ordenada. ¿Dónde encajas? Si sabes quién eres y a quién estás vinculado, sabrás lo que debes hacer". Los antiguos también usaban la metáfora de la red y los vínculos. No se referían, como nosotros, a las redes de comunicación que internet ha hecho posibles, sino a las redes de colaboración que anudamos cuando nos ayudamos.

Libertad de acostumbrarse

Los demás nos querrían más considerados, más cariñosos, más colaboradores, más leales. Sobre eso tratan muchas de las discusiones que nos enfrentan con las personas queridas. Pero entonces solemos refugiarnos en la frase: "Yo soy así", como si fuéramos rehenes de nuestras inclinaciones naturales. Pero, si el carácter nos viene impuesto, no hay mérito ni reproche posible. Entonces nadie podría evitar su temperamento: las buenas personas serían quienes no sirven para otra cosa, y los perversos no tendrían la culpa si solo el mal se les da bien.

En cambio, el filósofo griego Aristóteles pensaba que no existen buenas o malas personas, sino buenas o malas acciones. Uno tiene que empezar por actuar con generosidad, por ejemplo, para acabar siendo generoso. Primero vienen los actos, y ellos nos definen. Los rasgos de carácter, según el sabio, se adquieren mediante el ejercicio y se van reforzando hasta llegar a ser instintos más que decisiones conscientes. La libertad consiste en que, por la fuerza de la costumbre, podemos ser los arquitectos de nuestra personalidad. Aristóteles escribió: "Aprendemos practicando. Practicando la justicia nos hacemos justos y practicando la moderación, moderados, como los constructores construyendo casas, pues construyendo bien serán buenos constructores y construyendo mal, malos. Así nosotros, acostumbrándonos a resistir los peligros, nos hacemos valientes y, una vez que lo somos, seremos más capaces de hacer frente al peligro". Para Aristóteles, nuestra manera de ser es una paciente adquisición. El hábito sí hace al hombre.

La fiera invisible

El amor nos vuelve principiantes perpetuos, torpes y trémulos. Pero ¿quién está libre de ese tipo de ineptitud? Dice la leyenda que el mismísimo dios Amor, el gran experto, después de haber provocado los disparates de los humanos desde el principio de los tiempos, se hirió una vez con sus propias armas.

Apuleyo lo cuenta así. La joven Psique era tan bella que despertó los celos de la diosa de la hermosura. Sedienta de venganza, Afrodita pidió a su hijo Amor que con sus dardos hiciese a Psique enamorarse de un monstruo. Cuando Amor voló hasta ella empuñando el arco, se deslumbró, tembló, se hizo un rasguño con sus flechas y, a causa de ese accidente, amó por primera vez. Buscó a la mujer en la sombra del anochecer. Por miedo a la ira de Afrodita, le dijo que se encontrarían siempre en el secreto de la oscuridad absoluta, que Psique podría oírlo, tocarlo, acariciarlo, pero jamás verlo. Luego la envolvió con su cálido abrazo. Día tras día, en el corazón de las tinieblas, Psique experimentaba instantes de angustiosa felicidad junto al invisible visitante. Una noche ella no pudo más, encendió una lámpara y la levantó. Lo que contemplaron sus ojos fue "la más delicada y dulce de todas las fieras", el dios Amor. Le tiembla la mano, oscila la lámpara y cae una gota de aceite hirviendo sobre el hombro de él, que, al sentir la quemadura, se despierta sobresaltado y escapa volando hacia lo alto. Así, según el mito, es el amor: tanteos en la oscuridad y repentina iluminación, refugio y prueba, misterio que no se debe investigar, ciencia de la inocencia.

Palabras acobardadas

Necesitamos más que nunca un diálogo franco, y para eso nos hace falta tener el coraje de nombrar lo que nos asusta o nos amenaza. Es peligroso ceder al miedo, porque somos una comunidad de voces que se contagian mutuamente sus temores. Existe una palabra procedente del griego, *eufemismo*, para describir este peligroso síntoma social. Consiste en nombrar de forma indirecta y cautelosa aquello que nos parece alarmante, feo o grosero, en la idea de que al dar un rodeo verbal se amortigua el daño.

Huyendo de la palabra *negro*, nos hemos acostumbrado a decir *personas de color*, dando a entender que existe gente incolora. Los gobiernos, para no nombrar la crisis, han acuñado expresiones ridículas como *crecimiento negativo*. Es lo que hace veinticinco siglos el historiador Tucídides llamó *fraseología decorativa*. *Eufemismo* significa "embellecer al hablar"; sin embargo, la mera búsqueda de nombres inofensivos no mejora nuestra conversación colectiva. Los circunloquios se vuelven formas educadas de eludir la verdad, como en un chiste inglés según el cual *estamos considerando la cuestión* significa en jerga burocrática que hemos perdido el expediente, y *estudiándola en profundidad*, que intentamos encontrarlo.

Nada de lo que no somos capaces de decir desaparece: causa malestar, se enquista, nos puede llevar a encandilarnos con el sarcasmo furioso de individuos peligrosos. Si en lugar de atacar el problema decidimos atajar la palabra buscando sustitutos que suenan menos peyorativos, nos estaremos olvidando de que las palabras solo pueden ser valiosas si son valerosas.

105

Soledad sonora

Somos rehenes de la velocidad, prisioneros de la prisa. Reclamados constantemente por el móvil y las redes sociales, esforzándonos por resolver varias tareas a la vez, corriendo ajetreados de un sitio a otro, creemos que la actividad frenética es el sino de nuestra época. Pero el filósofo Séneca diagnosticó hace veinte siglos un mal muy parecido en la sociedad de su tiempo: "Fluctuamos y nos aferramos a una cosa tras otra, abandonamos lo que buscábamos, buscamos lo que hemos abandonado; oscilamos sin descanso entre la ambición y el arrepentimiento".

En el mundo de Séneca, como en el nuestro, muchos temían el vacío de la soledad, cuando cesa la anestesiante precipitación y las máscaras que nos protegen caen en silencio. Séneca intentaba enseñar a sus contemporáneos a estar solos y encontrar en esa momentánea soledad tiempo para reflexionar, para la quietud sanadora y, sobre todo, tiempo de libertad. Según el filósofo cordobés, la verdadera independencia se debe buscar a solas, porque "entre la multitud estamos pendientes de las opiniones ajenas y nos parece excelente lo que cuenta con muchos seguidores y ensalzadores". La psicología actual confirma sus afirmaciones. Se ha comprobado que, en general, la dinámica de grupo nos vuelve menos creativos; queremos adaptarnos y tendemos a seguir las creencias de los demás para no quedar excluidos. En cambio, lejos del ruido y la furia, refugiados en la tranquilidad contemplativa, conseguimos dar alas a pensamientos más originales. A pesar del miedo que nos inspira, la soledad sabe ser buena compañera.

El fantasma del desencanto

Nuestra democracia está perseguida desde sus comienzos por el fantasma del desencanto. Sufre desgaste por las enormes expectativas que despertó y no ha cumplido del todo. Contemplada de cerca y a corto plazo, parece una lucha tumultuosa de egoísmos insatisfechos e intereses económicos siempre ávidos. Pero, desde una perspectiva histórica más amplia, brilla la valentía de sus aspiraciones.

En la antigua Grecia, la democracia se construyó sobre cimientos nuevos: la colaboración en la vida pública y la libertad en la privada. El ateniense Pericles, partidario de la extensión de los derechos a todos los ciudadanos, era consciente de la originalidad de ese ideal: "Tenemos un sistema político que no imita las leyes de otros, sino que servimos de modelo". En un discurso, Pericles formuló por primera vez el deseo de vivir en una comunidad donde nadie sea despreciado ni perseguido: "En el trato cotidiano, no nos enfadamos con el prójimo si hace su gusto, ni ponemos mala cara, lo que no es un castigo, pero sí es penoso de ver". La democracia ateniense fue un colosal esfuerzo y un gran fracaso, porque excluyó a los esclavos, los extranjeros y las mujeres, es decir, a la mayoría de la población. Pero, a pesar de sus ideales fallidos, aún nos sentimos herederos de aquella tentativa ateniense de corregir la desigualdad social mediante la igualdad política.

Un incómodo problema

Al intentar cumplir su misión, los padres dudan, eso es seguro. Resulta complicado decidir cuándo conviene transigir y cuándo conviene la disciplina. Educar a los hijos no es un juego, son los hijos los que están en juego.

El emperador romano Marco Aurelio, a pesar de su gran entereza, sufrió mucho por no poder enderezar a su hijo. Cómodo fue el único varón superviviente y sucesor de Marco Aurelio. Ya desde pequeño demostró un carácter difícil. Los historiadores hablan de su afición temprana por los insultos. Según nos cuentan, Cómodo tuvo un acceso de furia infantil a los once años, en el cual ordenó arrojar al horno al encargado de unos baños por haber dejado enfriarse el agua. Los esclavos que debían ejecutar la orden fingieron obedecerle, pero quemaron una piel de oveja. Marco Aurelio intentó que cambiara a tiempo, dándole lecciones él mismo y buscándole los mejores maestros disponibles. Pero las ausencias del emperador eran largas, y Cómodo se volvía cada vez más propenso a las rabietas y el descontrol. Marco Aurelio se confesaba con pesar que Cómodo ignoraba los límites porque era su hijo y lo tenía todo. Dejó constancia en las *Meditaciones*, su diario. De madrugada y abatido, escribía sobre su obsesionante problema: "Si tiene un desliz, instrúyele cariñosamente y procura indicarle su negligencia. Pero, si no lo consigues, recrimínate a ti mismo, o ni siquiera a ti mismo".

Hoy se podría tener la impresión de que en el pasado la paternidad era un triunfal ejercicio de poder, pero, como ahora, las voces antiguas hablan de ansiedad, vacilaciones y desaciertos.

Madre Coraje

Madre Coraje forma parte de nuestro imaginario. Esas palabras evocan para la mayoría de nosotros un paradigma de amor maternal, el arquetipo de mujer capaz de afrontar adversidades y peligros para defender a sus hijos. Y, sin embargo, detrás de esta idea late un malentendido literario.

El nombre procede de una obra teatral de Bertolt Brecht, una desasosegante fábula titulada *Madre Coraje y sus hijos*. Madre Coraje es un personaje muy ambiguo, oscuro y desaprensivo. Se gana la vida como cantinera ambulante, siguiendo la estela de los ejércitos que luchan en la Guerra de los Treinta Años. Vende alcohol y artículos de primera necesidad, cuyos precios hincha en función de la desesperación de soldados y víctimas.

"Una hiena de los campos de batalla", la llaman. Viaja en un zarandeado carromato con sus tres hijos. Madre Coraje desea mantenerlos a salvo, pero no quiere renunciar a las oportunidades de negocio que brinda la guerra. A los hijos les falta el instinto casi animal de Madre Coraje para la supervivencia, y mueren uno tras otro, abatidos por los ejércitos en combate. La madre, desolada, huérfana de hijos, continúa sus mercadeos sola, siempre cerca del frente. Y es que, en realidad, Bertolt Brecht no se proponía reflexionar sobre la maternidad, sino denunciar a todos aquellos que construyen sus fortunas en el epicentro de la destrucción.

Progreso

Los profesores juegan un papel esencial: son los escultores del futuro. Muchos sabemos que nos cambiaron la vida, descubriéndonos nuevos rumbos, ensanchándonos la mirada. Un escritor agradecido, Albert Camus, dedicó el Premio Nobel al maestro de primaria que adivinó su talento, el hombre entusiasta que venció la negativa de su familia humilde a darle estudios, que le ayudó a preparar el examen de ingreso, le acompañó en tranvía, esperó su salida sentado en un banco y se volcó para que le concedieran una beca: "Sin usted, sin la mano afectuosa que tendió al niño pobre que era yo, sin su enseñanza y su ejemplo, nada de esto hubiese sucedido".

En la Atenas clásica confluyeron extraordinarios maestros. Fueron los primeros profesionales de la enseñanza que actuaron en democracia. Pensaban que la naturaleza humana se puede perfeccionar gracias al saber y entendían la educación como una herramienta de libertad. Platón describe la vibrante expectación con que los atenienses recibieron a Protágoras, un famoso educador. Hoy, sus sucesores se enfrentan a una sociedad más compleja, a las dificultades de la inmigración y la pobreza, con una carga de trabajo que no deja de crecer y cada vez menos medios. Si aprendemos a cuidarlos y a valorarlos mejor, conseguiremos superar muchos atavismos y corrupciones. Porque la sociedad, como el niño Camus, no puede progresar sin el profesor.

Idiotas

En medio de este gran desbarajuste, furiosos por las injusticias, nos desahogamos contra la política. Ejercemos lo que Franco Battiato llamaba "el placer de sentirse juntos para criticar". Cada vez más gente en la cansada Europa —y en los Estados Unidos, al parecer siempre jóvenes— se declara "antipolítica". También podríamos proclamarnos antioxígeno, pero seguiríamos respirándolo. Política es todo, política somos nosotros: lo que compramos y nuestro modelo de consumo, las condiciones laborales que hay detrás de la ropa que vestimos, el colegio de los niños, encender o no la televisión, las causas que apoyamos, los sentimientos nacionalistas, la mentalidad cosmopolita.

La palabra *idiota* se refería en origen a este debate. Así llamaban los griegos a los ciudadanos que tenían derechos, pero se desentendían de los asuntos públicos, refugiándose en sus intereses privados. Para Aristóteles, un idiota es quien se queda en su casa y deja que gobiernen los bandidos. Definía al ser humano como animal político y la política como la capacidad de cooperar persiguiendo fines comunes. Afirmaba que construimos el Estado por dos vías principales, la educación y la constitución, que nos afectan a todos. Cuando vivimos juntos, participamos en política queramos o no, por acción o por omisión. Pero, si abundan los idiotas, suben al poder quienes se las saben todas.

El indefenso corazón

Desearíamos, pero no podemos, proteger de todo mal a los que amamos. Y, cuando suena por ellos la sirena de la ambulancia o les acecha el peligro, descubrimos que no es posible hacer nada apenas, salvo quedarse cerca y llevar la carga de todo con el inerme corazón.

El poeta griego Simónides expresó estos sentimientos en unos delicados versos que todavía conmueven. Cuenta una leyenda que la joven Dánae había sido encerrada por su padre el rey en una torre donde era inaccesible a los hombres, pues, según un oráculo, el hijo que ella daría a luz mataría a su abuelo. El dios Zeus quedó seducido por la prisionera y la amó en forma de lluvia de oro. Cuando ella dio a luz a un niño y el rey lo supo, encerró a madre e hijo en un cofre y ordenó lanzarlo al mar. Simónides nos lleva al interior del frágil baúl que flota entre las olas sacudido por el viento. El niño duerme y Dánae le canta mientras la tempestad y la muerte se ciernen alrededor del arca. Poco a poco, sin que ella se dé cuenta, la nana se convierte en una dulce plegaria: "¡Ah, hijo, qué angustia tengo! Pero tú duermes como niño de pecho. No te inquietas por la ola que lanza sobre tu cabeza la espuma marina ni por el bramar del viento. Pero, te lo ruego, duerme, niño mío. Y duerma el mar y duerma la inmensa desgracia. Y venga un cambio, padre Zeus, de ti". Así, en la penumbra azul oscuro de un cofre que también es una cuna zarandeada por el mar embravecido, en la primera maternidad de la literatura occidental, una voz apesadumbrada se eleva para pedir que la furiosa desgracia deje con vida al ser amado.

La música de los números

Hoy vivimos presididos por números y ya nadie se extraña de que cifremos en ellos nociones tan complejas como la economía de un país, la inteligencia de alguien o su identidad. Hace siglos Galileo afirmó que el libro del universo está escrito en caracteres matemáticos. Quizá es difícil imaginar una época en la cual la relación entre los números y las cosas no era evidente y estaba por descubrir. El primer paso lo dio un filósofo griego, Pitágoras, al darse cuenta de que la altura de los sonidos depende del largo de la cuerda en vibración que los produce. Gracias a este hallazgo, los intervalos (cuarta, quinta, octava…), hasta entonces percibidos solo por el oído adiestrado del músico, pero imposibles de comunicar a otros, se pudieron expresar en forma de relaciones numéricas claras y precisas. Nadie había sospechado antes que algo tan espectral como el sonido tuviera reglas y se pudiera convertir en ciencia. Emocionados, los pitagóricos se dejaron llevar por la magia de esta revelación y creyeron que todo se puede reducir a números y música oculta. Identificaron, por ejemplo, la amistad con el número ocho, porque la octava es una clara expresión de armonía, y la justicia con el número cuatro, porque el concepto del talión (igual por igual) recuerda la formación de un número cuadrado.

Nosotros mismos conservamos la huella inconsciente de los pitagóricos cuando hablamos de armonía entre las personas, cuando nos referimos al concierto de las naciones o a la música celestial, pues los antiguos griegos nos descubrieron que nada hay mudo en el mundo.

Para mañana

Cuántas veces reconocemos la necesidad de tomar medidas duras, pero antes nos concedemos un tiempo para remolonear aplazando el momento de actuar. Cuántas veces nos quedamos detenidos en ese limbo que media entre la decisión tomada y su puesta en práctica, vislumbrando una nueva vida más firme y eficaz, pero demorándonos en las agradables imperfecciones de nuestra vida tal y como es. Existe una palabra latina para describir esa actitud: *procrastinación*. Consiste en gozar del placer de aplazar, en no hacer hoy lo que también puedas dejar sin hacer al día siguiente.

Los griegos de la Antigüedad usaban un refrán irónico que decía: "Los asuntos importantes, para mañana". Su origen está en una anécdota histórica. Había en la ciudad de Tebas un gobierno oligárquico contra el que se preparaba una secreta conspiración. El día elegido para el levantamiento, los cabecillas del régimen estaban comiendo y bebiendo en el banquete organizado por Arquias, un importante ciudadano. Cuando ya había empezado la diversión, un mensajero se presentó ante Arquias diciendo: "Quien me entregó esta carta me encargó que la leyeras instantáneamente porque en ella te comunica un asunto muy urgente". Arquias comprendió que la carta le arrancaría de su plácido letargo, y por eso, metiéndola bajo un cojín, respondió: "Los asuntos urgentes, para mañana". Si la hubiera abierto, se habría enterado de todos los detalles de la conjura con tiempo de ponerse a salvo. Procrastinar tiene sus peligros. En nuestras vidas, como en la de Arquias, hay muchos asuntos para los que pronto puede ser demasiado tarde.

La gran apuesta

Es en el pequeño medio en el que nos desenvolvemos donde nuestras decisiones modelan la realidad. Allí se define nuestro trato con los demás y se crean o se calman las tensiones ocasionadas por la convivencia. Todos tenemos una sed inagotable de influir en el prójimo, pero siempre dudamos cuál será el método más eficaz para conseguirlo. ¿Es preferible imponernos, enérgicos, apelando a nuestro poder, a través de amenazas y presiones? ¿O conseguiremos más razonando de igual a igual, mediante un prolongado esfuerzo de persuasión que haga inútil la fuerza? Una antigua fábula de Esopo ofrece respuesta a estas preguntas.

Cierta vez, el viento y el sol competían por saber quién de los dos era más poderoso. Acordaron que vencería quien consiguiera desnudar a un caminante. El viento lo intentó en primer lugar. Sopló con mucha fuerza, pero el hombre agarró con más fuerza la ropa de abrigo. El viento arreció más y más, y el peregrino se puso encima otro manto, envolviéndose en él. El viento, cansado de desatar sus fuerzas en vano, cedió el turno al sol. Este, al principio, lució con moderación. Cuando el caminante se quitó el manto, aumentó el ardor de sus rayos gradualmente. Pasadas unas horas, el viajero no pudo soportar el calor, se desnudó y fue a bañarse a un río cercano. El sol, que persuadió poco a poco al hombre, derrotó al viento que trataba de arrancarle la capa por la violencia de su soplo. Este sencillo relato aborda la cuestión esencial de la eficacia del argumento o de la fuerza, el problema que todos debemos solventar: sol o viento.

Cuidados invisibles

La enfermedad nos convierte en seres frágiles sorprendidos ante la propia debilidad. Todos los que han perdido la salud saben cuánto importa, además del tratamiento, el trato. La palabra *cuidar* deriva de la palabra latina *cogitare* ("pensar"), en el sentido de "prestar atención, poner solicitud".

Los médicos de la antigua Grecia sabían que, para la eficacia del tratamiento, es esencial ser bondadoso con el enfermo, alentando su esperanza. Los escritos hipocráticos recomiendan "diligencia, calma, habilidad y, en momentos duros, consolar con palabras atentas y cargadas de buena voluntad". En la mitología griega, la atención y el cuidado de los enfermos estaban encomendados a las manos femeninas de dos amables diosas, hijas de Asclepio, el dios de la medicina: Higía y Panacea. La primera se ocupaba de la limpieza y la sanidad humanas, por eso ha legado su nombre a la higiene; la segunda conocía las medicinas elaboradas con plantas y su nombre se aplica a los remedios universales. La enfermería actual, heredera de la labor de las hijas de Asclepio, es un oficio que atesora conocimientos técnicos sobre prevención, higiene y tratamiento. En los últimos años, dentro de la profesión, se ha comenzado a reivindicar el valor de los "cuidados invisibles", esos gestos que no quedan registrados en ninguna bitácora médica, que no son aparentemente clínicos, como las caricias, la sonrisa o las palabras reconfortantes, pero que, hoy lo sabemos, tienen gran importancia para la curación de nuestras dolencias. Esas atenciones que, aunque no constan, cuentan.

Adiós a todo eso

En muchas épocas ha existido la sensación de decadencia, de pérdida de esplendor. Cicerón se lamentaba de la confusión y la caída moral que percibía en la antigua Roma republicana. San Agustín escribió, cuando ya se intuía el fin del Imperio, que el mundo estaba envejeciendo, pues pensaba que todo se venía abajo. Miraba a su alrededor y creía ver entre sus contemporáneos falta de fuerza, de creatividad y de vida en un lapso de mera espera del final.

Casi cada generación ha conocido guerras o dictaduras o catástrofes naturales o desplomes económicos. Hemos superado muchas otras crisis. El recuerdo de tiempos mejores no debería llevarnos al repliegue o al ensimismamiento justo cuando hace falta luchar, como enseña la antigua leyenda de Orfeo. El mismo día de su boda con Eurídice, Orfeo la vio morir por el mordisco de una serpiente. Desconsolado, se adentró en el reino de los muertos y con los maravillosos acentos de su música sedujo a los dioses del submundo, que le prometieron devolverle a su mujer, pero con una condición: no podía volverse a mirarla ni tampoco hablarle hasta salir de los infiernos. Comenzó el ascenso por un camino escarpado, envuelto en niebla y en silencio. Ya se vislumbraba la luz del sol cuando a Orfeo le pudo la angustia: ¿de verdad le seguía Eurídice? Y giró la cabeza para poder verla. Entonces el suelo se abrió y ella cayó hacia abajo, engullida por el vacío, perdida por segunda vez y para siempre. En realidad el regalo de los dioses para Orfeo era su consejo: no mires atrás. Estando de espaldas, no se puede hacer frente a la realidad.

Verdades como puños

Si cada uno de nosotros dijera la verdad, toda la verdad y nada más que la verdad, el resultado sería devastador. Todos tenemos pensamientos irritados, deseos coléricos, opiniones precipitadas y momentos de indiferencia que solo conviene comunicar a los demás de una forma muy suavizada, o bien silenciarlos del todo. Nuestras relaciones con el prójimo son, en gran medida, una conversación, y tenemos que poner cuidado en hablarle bien. Hace falta conocer a fondo el efecto de las palabras, su capacidad de herir y de sanar, su poder decisivo sobre nuestras vidas. Muchas veces resulta más duradero el dolor por lo que nos dicen que por lo que nos hacen. Las verdades brutales pueden hacernos muy desgraciados; por eso evitarlas es un acto amable y humanitario.

Quizá nos conviene la buena fe, que no nos exige sinceridad a todas horas, sino que se conforma con que nuestras mentiras sean consideradas y estén libres de mala intención. Con que omitamos la verdad en beneficio de los otros y no solo en el nuestro. Con que seamos sensatos, equilibrados y conciliadores al callar, en lugar de crueles y letales diciendo la verdad. Los romanos de la Antigüedad sabían que la buena fe está en la raíz misma de los intercambios y los contratos, imposibles en ausencia de la confianza, pero no olvidaban que la dulzura prohíbe decirlo todo. Por eso, dieron a la Buena Fe el rango de diosa, le construyeron templos y le dedicaron culto. Y, si guiados por ella podemos equivocarnos (hasta la buena fe tiene su fe de erratas), al menos impediremos los mayores descalabros.

Ostracismo

Los niños enfadados cierran los ojos con fuerza, esperando que al abrirlos los irritantes adultos nos hayamos esfumado. Al parecer, los mayores reproducimos esa fantasía infantil de hacer desaparecer al que nos estorba. En nuestras tensas democracias, cada vez más gente vota para ver marchar —derrotado, incrédulo y ojeroso— al líder político que más detesta.

Esa rabia es tan antigua como la misma democracia. Los atenienses inventaron la forma más radical de referéndum: el ostracismo. Consistía en enviar a un exilio de diez años a un líder político por votación popular. Los ciudadanos en asamblea decidían a mano alzada, sin debate previo, si querían un ostracismo. Cuando el resultado era afirmativo, cada votante escribía el nombre de la víctima elegida en un cascote de cerámica —óstrakon, de ahí *ostracismo*— que metía en una urna. Si se alcanzaba un quórum de seis mil participantes, desterraban al más votado. Era una elección al revés, para excluir y no para elegir: el que ganaba salía perdiendo. Tal vez la gente común se sentía poderosa castigando, pero esos desahogos no mejoraron la salud de una democracia en declive. En realidad, las facciones aristocráticas utilizaban el ostracismo para eliminar rivales y con sus riñas de gatos enfurecían todavía más a los atenienses corrientes. En la política de la ira no hay victorias, solo grados de derrota.

La deserción de los nombres

Uno de los suplicios que sufrimos los desmemoriados consiste en encontrarnos con una persona conocida de la que hemos olvidado el nombre. Cuando el otro nos sonríe, saluda y empieza a acercarse, ponemos nuestro cerebro en acelerado funcionamiento para recordar a tiempo, pero raras veces somos capaces de corregir velozmente el lapsus. Entonces, con cara amable y la cabeza todavía zumbando, disimulamos para mantener el tipo. La mayoría de las veces somos descubiertos, y se hace necesaria una torpe disculpa, pero nunca ofrecemos la explicación completa: "No creas que se me escapa tu nombre por indiferencia o por manía hacia ti. No te he elegido para olvidarte. La memoria me juega estas malas pasadas de forma caprichosa y sin método. Considérame torpe pero no ingrato, por favor".

En la antigua Roma, quienes se lo podían permitir disponían de un sistema para evitarse esos apuros y esa vergüenza. Consistía en tener un esclavo de memoria bien entrenada que se especializaba en memorizar la identidad y circunstancias de todos los conocidos de su amo. Le susurraba el nombre y algunas informaciones cruciales sobre las personas con las que se cruzaba: "Por ahí se acerca Quinto Valerio. Recuerda que es viudo y sufre de lumbago". Este peculiar tipo de esclavo se llamaba *nomenclator* y era muy utilizado por los candidatos políticos en campaña para poder aparentar que se preocupaban personalmente de sus conciudadanos y estar así más justificados al pedirles el voto. Así fue como los antiguos, sin conocer la informática, inventaron la memoria externa.

Alfabeto

Hay algo mágico en esos trazos sorprendentes que crean las letras y las palabras. Hace seis mil años aparecieron los primeros signos escritos en Mesopotamia, pero los orígenes de esta revolucionaria invención están envueltos en el silencio y el misterio. Tiempo después, estas sorprendentes huellas de los sonidos nacieron en Egipto, India y China. Esos primitivos sistemas eran muy complejos porque mezclaban dibujos figurativos y signos fonéticos. Para dominar la escritura había que conocer casi un millar de trazos y sus complicadas combinaciones. Por eso, este conocimiento maravilloso estaba solo al alcance de una selecta minoría de escribas que ejercían un oficio privilegiado y secreto, aprendido durante largos años de estudio dentro de esa casta de sabios.

Sin embargo, hace tres mil años, unos genios anónimos de origen fenicio cambiaron el rumbo de la historia. Crearon el alfabeto, un sistema diáfano en el cual cada signo equivalía a un sonido, permitiendo anotar todas las palabras con solo una treintena de letras. Gracias a esta herramienta, el saber pudo extenderse y, con el tiempo, la alquimia de los dibujos sonoros pudo ser descifrada por todos. Es emocionante imaginar a los maestros que cada día enseñan a leer y a escribir, reviviendo en cada niño el asombro ante el fascinante sortilegio de la escritura: el archivo de la memoria, la partitura del lenguaje.

Candidatos

Las campañas electorales son eliminatorias entre funambulistas, espectáculos de equilibrismo. Los candidatos se declaran administradores justos y a la vez procuran que cada elector los crea paladines de los intereses particulares que a él atañen. Necesitan parecer avispados pero sinceros, equitativos pero agradecidos con sus partidarios. Y es importantísimo limpiar la fachada de su vida privada hasta merecer la estima pública. De hecho, la palabra misma, que viene del latín, alude a una operación de blanqueo. En la antigua Roma, los candidatos se distinguían por vestir una toga aclarada a tiza, *candida*.

Cuando Cicerón aspiraba al consulado, su hermano más joven, buen conocedor de los entresijos del poder, le escribió un breviario electoral instruyéndole con insólita franqueza. Le dice: si aspiras a la cima de la política, debes dedicar igual energía a ganarte las simpatías de personas relevantes y a conquistar la voluntad popular. Te conviene organizar muchos actos, con brillo y con gasto. Acude a todas partes con rostro accesible y no seas retraído, porque la gente ama la abundancia de promesas. Si te comprometes, el riesgo es limitado y sin plazo. Si te niegas, el perjuicio es inmediato. Además, a veces se logran cosas impensadas, y las que crees controlar no se logran. Ten el talento de conseguir el máximo celo de tus colaboradores y no te olvides de vigilar a tus contrincantes, decidiendo a cada paso si imitarlos o desacreditarlos.

Para hacer honor a la blancura que les da nombre, los candidatos, a fuerza de despliegues de energía y sigilosas estratagemas, se vuelven canosos, ya que no candorosos.

Sin escrúpulos

Cuando nos sorprendemos por haber llegado al punto de ayudar a los bancos en apuros con nuestro dinero de contribuyentes, en un rescate a escote, quizá olvidamos que durante décadas se han ido suprimiendo sigilosamente controles, prohibiciones y garantías. Estos años de desregulación explican dónde estamos.

Eliminar las reglas del juego solo funcionaría si todos sin excepción tuvieran escrúpulos. *Escrúpulos* es una palabra que viene del latín. Significa "guijarro pequeño y puntiagudo" y se refiere a la incomodidad que provoca una piedrecilla metida en el calzado del caminante. Ahora la usamos para aludir a las punzadas de conciencia. Pero ¿qué sucedería si nuestros actos estuvieran libres de consecuencias legales? En un diálogo de Platón, un personaje llamado Glauco relata una leyenda. Después de una violenta borrasca, la tierra se abrió en el paraje donde Giges, un pastor, apacentaba sus ganados; asombrado, bajó por aquella hendidura y encontró un anillo mágico: bastaba con girar el engaste hacia la palma de la mano para hacerse invisible. Pronto el pastor descubrió todo lo que este poder le permitía hacer (escuchar a escondidas, robar, entrar a lugares prohibidos) y al poco tiempo ya había amasado una fortuna, seducido a la reina y asesinado al rey, con lo que se había convertido en nuevo soberano. Glauco se pregunta cuántos, si se les presentase la ocasión, se resistirían a actuar como el pastor. Entre nosotros, la impunidad pone anillos como el de Giges a disposición de algunos. Y así descubrimos que el mito de la desregulación era, en realidad, un timo.

La pena aprendida

"Vivir no es un pasatiempo delicado", escribió Séneca. Sabía que todas las personas, incluso las mejor cobijadas, pagan peajes de dolor y de enfermedad. Veía que al nacer entramos en un camino largo en el que es inevitable resbalar, tropezar, caerse, no poder más. Séneca es el autor de varias consolaciones, que eran ensayos pensados para disminuir la pena, y muchísimas cartas de aliento. Allí se esfuerza por combatir el desasosiego hablando sobre él, razonando y reconciliándonos con la pena. Creía que la experiencia del dolor no es inútil, que podemos curtirnos frente al sufrimiento. Pues, según el filósofo, las amarguras afectan más a quienes no están acostumbrados a ellas, a los que se adormecen como marineros navegando en un mar apacible, y en medio de su sueño cualquier imprevisto los coge por sorpresa. Afirmaba que es sólido y fuerte el árbol contra el cual el viento acomete constantemente: el ataque mismo le obliga a asegurarse y a clavar sus raíces con mayor firmeza. En cambio, son frágiles las plantas que crecen en valle soleado.

A Séneca le gustaba exponer sus ideas apoyándose en imágenes oceánicas y boscosas, describía las desgracias humanas como tormentas a punto de abatirse, de las que el viento trae, como anticipo, olor a barro fresco. Si hoy cualquiera de nosotros le pidiera consejo para afrontar las desgracias que nos acechan, contestaría con palabras vivas y evocadoras de paisajes. Diría, por ejemplo, que todo consiste en ensayar la técnica de avanzar sin suelo firme bajo los pies, como esas piedras que rebotan sobre la superficie del agua.

Pactar

Hoy la actualidad más candente se resume en una palabra muy antigua: *pacto*. Viene del latín *pactum* y significa "acuerdo, algo trabado y establecido". De la misma raíz desciende la palabra *paz*. Y es que, para los romanos, la política consistía en trenzar acuerdos cotidianamente, en un perpetuo esfuerzo por apaciguar las discrepancias. Todas las magistraturas de la antigua Roma eran colectivas; cada cargo recaía en varios colegas (generalmente en número par: dos, seis o diez) que compartían las mismas funciones y tenían derecho de veto. Por tanto, los magistrados actuaban bajo la amenaza constante de ser paralizados por el veto de sus iguales. Hoy nos sorprende imaginar dos presidentes del gobierno elegidos por separado y en pie de igualdad, obligados a colaborar a cada paso. Y, sin embargo, así ejercieron su poder los antiguos cónsules, que alcanzaban la cumbre del mando de dos en dos, condenados a entenderse.

El sistema de la República romana estaba construido sobre la idea obsesiva de evitar el personalismo. Roma había conocido una larga monarquía y quería impedir que un individuo carismático gobernase sin cortapisas. Para protegerse de ese peligro, renovaban cada año a todos los magistrados sin permitir la reelección. Quizá la reflexión política más profunda que nos han legado los romanos es la necesidad de ejercer el control desde el mismo poder. Para conseguirlo, fijaron límites y educaron a sus políticos en la forja del acuerdo. Entendieron que, en un delicado equilibrio entre la vigilancia mutua y la colaboración, está la pauta de los pactos.

Fama enfermiza

Qué extraña pasión nos posee, qué hambre de ser famosos durante unos instantes, a cualquier precio y por cualquier motivo. Algunas personas llevan al peor extremo su apetito de publicidad. Con tal de fabricarse una ocasión de salir en televisión o de destacar dentro de la categoría de los más vistos en YouTube, son capaces de cualquier barbaridad gratuita. Este fenómeno, como tantos otros que radiografían el mundo contemporáneo, recibe tratamiento de síndrome y ha sido bautizado con el nombre remoto de un griego: complejo de Eróstrato.

Eróstrato vivió hace veinticinco siglos en la ciudad de Éfeso, hoy Turquía, y desde siempre puerta entre Oriente y Occidente. Un día de julio, de noche, se deslizó entre las sombras y prendió fuego al Artemisio, un templo que deslumbraba, el mayor edificio de mármol del mundo griego, una de las siete maravillas y seña de identidad para esa civilización. Con él ardió una estatua de la diosa Ártemis que se creía caída del cielo junto con el manuscrito depositado allí por Heráclito, el gran filósofo de la realidad que fluye. Cuando capturaron a Eróstrato, declaró que lo había hecho por amor a su propio nombre y para catapultarlo a la fama. Creía que, por la destrucción del más bello de los edificios, su nombre sería conocido en el mundo entero. Las autoridades prohibieron bajo pena de muerte perpetuar el nombre del incendiario, pero no consiguieron borrarlo de la historia.

Entre nosotros, Eróstrato es el patrón de quienes aspiran a ser conocidos aunque sea por no tener conocimiento y de todos los que persiguen la fama por el camino de la infamia.

Amistades peligrosas

Muchos casos de corrupción se descubren por errores burdos, por una relajación de las precauciones, por un exceso de confianza en la impunidad de los delitos económicos. La falta de temor al castigo es quizás uno de los aspectos más alarmantes de estas tramas. Indica que el dinero amasado y las relaciones forjadas durante los años ilícitos infunden seguridad. El poder protege y, en el peor de los casos, siempre puede indultar.

Ya sucedía así en la civilización romana, que puso los cimientos de nuestro mundo. Cuando los autores antiguos mencionan la luminosa palabra *amistad*, hay que sospechar. En general se refieren a relaciones clientelares, complicidades y redes de intereses creados. Es el caso de Salustio, conocido historiador que antes se dedicó a la política. Arrastrado por la pasión de la refriega, apoyó la carrera fulgurante de Julio César. Gracias a esa amistad, el futuro escritor fue elegido para administrar una rica provincia en África. Allí explotó la región a base de extorsiones y rapiñas, hasta el punto de escandalizar a sus contemporáneos, bastante habituados a este tipo de excesos. Tanto se enriqueció a costa de sus administrados que estos entablaron un proceso contra él, del cual le liberó la intervención de su amigo César. Se rumoreó que Salustio pagó a César una generosa participación en los beneficios del saqueo: la cordial alianza entre ambos floreció a expensas de los ciudadanos romanos. Esas son amistades peligrosas, pues en política, que es servicio público, hay que ser más leal a los desconocidos que a los amigos.

Sirenas

La voz de las sirenas es inquietante. El timbre de los coches de bomberos, de policía o las ambulancias recuerda, en el horizonte sonoro de la ciudad, la existencia del peligro. Estas alarmas acústicas, hoy parte de nuestras vidas, las inventó en 1819 el científico francés Charles Cagniard. Las llamó *sirenas* porque podían oírse incluso en el agua, y a su mente acudieron las antiguas criaturas de la leyenda griega que cantaban a orillas del mar para desviar de su rumbo a los viajeros.

Según el mito, las sirenas eran seres marinos, en origen mujeres-pájaro que, con el tiempo, la imaginación transformó en jóvenes seductoras con cola de pez y brillantes escamas. De sus bocas nacía una música irresistible. Los navegantes que pasaban cerca naufragaban atraídos por la peligrosa canción y las sirenas los devoraban. La *Odisea* cuenta que Ulises ideó un plan para poder escuchar a las mujeres aladas sin pagar con la vida ese invencible placer. Tapó los oídos de sus marinos con cera para que remasen sordos a las sirenas, mientras él escuchaba las voces fascinantes atado al mástil. Cuando empezaron a cantar para él, Ulises aulló pidiendo que lo liberasen para ir con ellas, incluso al precio de morir, pero sus hombres no lo oían y lo salvaron a su pesar. Desde entonces, las sirenas viven en la fantasía popular y su voz representa el canto —y el encanto— del peligro.

Llámalo bello

Enamorarse consiste en elegir a una persona y dejar brotar hacia ella un amor acumulado en soledad. Es el acto de colocar a alguien en el centro privilegiado de nuestra atención, por voluntad nuestra, repentina, injustificable. Nunca somos más libres que cuando decidimos a quién nos encadenamos. Y no depende necesariamente de la belleza del elegido ni de ningún otro factor. Simplemente optamos, tomamos de pronto una decisión misteriosa, o al menos eso creía el poeta Marcial. En uno de sus epigramas asegura que se ha enamorado de una mujer que en su época nadie encontraba atractiva, desafiándonos a encontrar otra causa distinta de su libertad para preferir: "Me desea una mujer más blanca que los cisnes, que la plata, la nieve, el lirio, el aligustre; a mí me gusta otra más negra que la noche, que la hormiga, la pez, el grajo y la cigarra".

Hace más de dos mil quinientos años, Safo, una griega de la isla de Lesbos, escribió unos versos inolvidables afirmando que no deseamos a quien nos parece más bello, sino que nos parece bello porque lo deseamos. Según ella, el amante pone la belleza, no se rinde a ella, como parece creer. Y el romano Ovidio, gran experto en amores, nos enseñó que si amamos nos engañaremos a nosotros mismos atenuando los defectos con otros nombres. A su juicio, nos parecerá esbelta y ágil "la que malamente aguanta viva por su escualidez". Llamaremos *muñeca* a la amada de poca estatura, y a la gorda, *llenita*. Y se nos ocultarán todos los defectos detrás de las cualidades más aproximadas, porque en amor siempre podemos confiar en nuestra falta de objetividad.

Claroscuros

Un préstamo es un acto de optimismo, un voto de confianza en un futuro de ganancias que permitirán pagar. De hecho, la palabra *acreedor* viene de *creer* y se refiere al que fía y se fía. Sin embargo, todos lo sabemos hoy, pueden llegar años menos amables de lo que esperábamos, y entonces las esperanzas de otros tiempos se transforman en prisiones del ahora.

Es lo que le sucedió al pintor holandés Rembrandt, contemporáneo de Velázquez. Rembrandt llegó a Ámsterdam con veinticinco años, consiguió un éxito veloz como pintor de retratos y se casó con una mujer rica. El porvenir le pareció prometedor. Compró una casa espléndida, empezó una colección de obras artísticas y curiosidades, acogió a numerosos discípulos para que le ayudaran en sus encargos. Pero, quién sabe por qué, la popularidad de Rembrandt entre el público disminuyó. A partir de ese momento, las deudas le ahogaron más cada vez hasta que catorce años después cayó en la bancarrota total. Sus acreedores le obligaron a vender su casa y subastaron públicamente sus colecciones. Ni siquiera así alcanzó a pagar todo lo que debía. Su compañera de entonces y el único hijo que le quedaba con vida formaron una compañía de tratantes de arte y tomaron a Rembrandt como empleado. Así, convertido en simple asalariado, pintó sus últimas obras maestras. En aquellos años de adversidades, Rembrandt consiguió intensificar la hondura y el misterio de sus cuadros. Las figuras de su etapa final se hunden en una oscuridad que, a pesar de todo, parece cálida, como diciéndonos que si vemos sombras es porque alguna luz brilla cerca.

El nudo gordiano

Nos gustaría resolver los problemas con soluciones fáciles e infalibles. Pero, en la vida pública y en la privada, los problemas graves son como nudos desesperantes, porque se estrechan y se cierran con fuerza, y, cuanto más intentamos aflojarlos, más se aprietan.

Así lo entendieron los griegos de la Antigüedad y así lo contaron en una célebre anécdota sobre Alejandro Magno. En su ruta de victorias y conquistas orientales, a Alejandro le llegaron noticias de una leyenda local que hablaba sobre un carro de cientos de años de antigüedad conservado en la ciudad de Gordio, cerca de la actual Ankara. El yugo estaba atado con un nudo que nadie había sido capaz de deshacer. Estaba vaticinado que quien soltase el nudo gobernaría en toda Asia. Se apoderó de Alejandro el deseo de probarse ante ese desafío. El nudo era de hilachas de corteza vegetal y parecía no tener principio ni fin. Ante la mirada expectante de sus soldados, Alejandro tiró de las hebras e intentó aflojar las lazadas, pero el nudo seguía obstinadamente apretado. Temiendo una humillación que podría influir en el ánimo del ejército, Alejandro perdió la paciencia, desenvainó la espada y partió el nudo en dos, afirmando que ya estaba desatado. En los años siguientes, Alejandro conquistó un gran imperio asiático, pero murió sin tener apenas tiempo de gobernarlo. El territorio se fraccionó, desgarrado por la lucha entre los generales que aspiraban a ser sus sucesores. La leyenda del nudo gordiano cuestiona nuestra tendencia a creer que, frente a la maraña de las dificultades, dar un tajo puede ser un atajo.

Humor y humildad

Nuestras reacciones nos describen. Ante la misma desgracia, unas personas lloran y otras en cambio echan una carcajada. Reírse no es sinónimo de frivolidad, puede ser una forma de abarcar con la sonrisa todo el despropósito del mundo, una forma de entristecerse jovialmente manteniendo el compañerismo con los demás. Es cierto que hay mucha risa intrascendente, pero también existe esa risa que surge de nuestros dolores ocultos y expresa, en la fragilidad y en la angustia, identificación y simpatía.

Entre los griegos de la Antigüedad había dos filósofos que encarnaban actitudes opuestas ante la realidad. Se contaba que Heráclito, considerando lamentable la condición humana, aparecía siempre en público con la cara triste y los ojos humedecidos por las lágrimas, y en cambio Demócrito, que opinaba lo mismo sobre sus congéneres, aparecía siempre risueño. Demócrito, inventor de la teoría de los átomos, era un sabio con buen humor. Consideraba que la felicidad era cuestión de buen temperamento, de ánimo y de contento. No hay que pensar que los catastrofistas se preocupan más de los problemas. La gente alegre puede tener la mirada alerta, interesarse a fondo por la realidad y mantenerse preparada para reaccionar. La vida está llena de tareas, y muchas veces nos embarcamos en ellas con la duda de si el barco hace aguas. Hoy Demócrito nos diría que más vale aceptar lo que está en juego y emprender toda una serie de esfuerzos para seguir a flote. Conviene que en la travesía no nos falte el humor. Para no hundirnos durante las tormentas, mejor quitarle hierro a las cosas.

La espada de Damocles

¿Tener poder vale tanto como cuesta? Cicerón, que conoció las pasiones de la política y las duras revanchas que atrae el éxito, contestó a la pregunta con un relato. Damocles vivía en la corte de Sicilia. Un día, adulando al rey, alabó la suerte de los poderosos con un anhelo que era auténtico y le poseía como una fiebre. El monarca Dionisio, mirando sus ojos hambrientos, le ofreció ocupar el trono por un día para que probase el sabor del poder máximo. Damocles aceptó y al instante prepararon un banquete en su honor. A un gesto suyo acudieron sirvientes para satisfacer todos sus deseos. Platos de comida acariciaban con su aroma los sentidos de Damocles. Pero, en medio de este despliegue de placeres, Dionisio ordenó colgar del techo, sujeta por un pelo de caballo, una espada afilada que brillaba a la luz del sol. Cuando Damocles la miró, oscilando sobre su cuello como un péndulo letal, perdió el gusto por el lujo y pidió a Dionisio que le dejara marchar porque ya no soportaba ser afortunado durante más tiempo.

La historia de la espada de Damocles enseña que el poder es intranquilizador, peligroso, cuestionado y, en esencia, frágil. Tenerlo crea descontentos y enemigos. Los colaboradores suelen ser aquellos que tienen más miedo a perder su puesto que a intentar quitarte el tuyo. Y estando al frente de los asuntos se descubre que la mayoría de las situaciones no se pueden gobernar ni controlar. En realidad habría que agradecer que exista gente ambiciosa volcada en la lucha por el poder; de otra forma, no nos quedaría más remedio que llevar la carga nosotros.

Dilemas

Como los caminos, las distintas opciones se bifurcan constantemente, obligándonos a elegir. Toda decisión importante es un pequeño desgarro íntimo y nos deja la nostalgia por el camino que
no escogimos, la incógnita. Pero nada más duro que esas disyunti-
vas a las que los griegos llamaron *dilemas*, cuando todas las posibilidades son dolorosas. En sus obras teatrales, los trágicos antiguos
planteaban esas arduas alternativas: proteger a los más débiles a
costa de la propia seguridad o abandonarlos a su suerte; obedecer
a las convicciones o a la ley; buscar la verdad que puede herirnos
o preferir la ignorancia. El final de las tragedias reflexionaba sobre
el peso y el precio de la libertad humana.

Los atolladeros y las pugnas de voluntades que describían la
tragedia llegaron a ser tan difíciles de resolver que los griegos inventaron el *deus ex machina*. La máquina era una especie de grúa
que se usaba en los teatros para sostener una plataforma. Al final
de la obra, allí aparecía en escena un actor interpretando a un dios
que con sus poderes resolvía la situación. Recordando esa trampa
de los dramaturgos clásicos, llamamos *deus ex machina* a la persona de quien se espera un remedio casi milagroso a los conflictos
más enrevesados. Y, aunque sea tentador confiar en una solución
sin dilemas, conviene recordar que los salvadores providenciales
son a menudo pura tramoya.

Raseros

En política —como en general en la vida— resulta difícil encontrar personas que se apliquen el mismo rasero que utilizan para los demás. En la antigua República romana se dio un caso muy claro de este divorcio entre actos y principios. Un tribuno llamado Licinio Calvo propuso una serie de iniciativas legislativas que, al ser aprobadas, quedaron unidas a su nombre, como era costumbre en el derecho romano, en el cual se denominaban las leyes por los magistrados que las proponían. Las leyes Licinias, pensadas para contener los excesos de los ricos, limitaban la acumulación de tierra en manos de un solo propietario y protegían a los deudores frente a los acreedores. Estas propuestas se aprobaron contra la indignada oposición de los patricios. Años más tarde, el extribuno Licinio Calvo fue acusado de transgredir sus leyes por acaparar más tierra pública de lo permitido. Se dejó tentar por la avaricia y acabó condenado a la pena que él mismo había prescrito como legislador desde el otro lado de la barrera.

Un hombre condenado por su propia ley es la imagen perfecta de nuestras incoherencias. Sabemos señalar los abusos si los cometen otros, pero nos consideramos una excepción a las normas. Para nosotros mismos siempre encontramos justificación, y al mismo tiempo seguimos lanzando nuestros reproches al prójimo: nada necesita más reforma que la conducta de los demás.

No cambiará

Hubo una vez un escultor llamado Pigmalión que dio a una estatua la forma exacta de sus deseos. Mientras la construía, acariciaba con deleite todas sus perfecciones. Al terminarla estaba perdidamente enamorado de ella y pidió a la diosa del Amor (en la antigua Grecia las competencias divinas estaban muy bien transferidas) encontrar a una mujer idéntica a la que había esculpido. Afrodita hizo cobrar vida a la escultura para que colmara de placer a Pigmalión.

Pigmalión se ha convertido en el símbolo del amor que necesita esculpir la realidad a imagen y semejanza de sus anhelos previos. En cambio, el filósofo griego Epicteto creía que somos nosotros quienes debemos conformar nuestras expectativas a la realidad, porque la pasión transformadora enturbia nuestras relaciones. Afirmaba que no deberíamos malgastar esfuerzos criticando u oponiéndonos al modo de ser de los demás. Hay que abrir los ojos, mirar de frente las cosas tal y como son para ahorrarnos el monótono dolor de las decepciones evitables. Las personas actúan casi siempre conforme a su carácter y dominadas por sus hábitos. Si intentamos llevar las riendas de sus vidas, nuestros esfuerzos se verán desbaratados. Los demás son lo que son, no lo que deseamos que sean ni lo que parecían ser.

El mismo Pigmalión talló primero la piedra y después deseó que fuera humana, así que tampoco su leyenda supone una excepción a esta verdad: modelar a los vivos es imposible. La mejor prueba es que todos queremos cambiar el mundo y a todo el mundo para evitarnos cambiar nosotros. Somos rebeldes que no soportan la insubordinación.

Sobre la belleza

Cuando hablamos de belleza, entramos en el resbaladizo terreno de los deseos y los sueños, y en los dominios del tiempo. La gente siempre quiere gustar, pero los rasgos que resultan atractivos cambian sin cesar, en una oscilación permanente. Sorprende comprobar que los rostros y los cuerpos admirados en otros siglos hoy pasarían desapercibidos. ¿Hay alguna explicación para este caprichoso vaivén de los gustos?

La percepción de la belleza parece estar unida al éxito, a la dificultad y a la riqueza. Si algo tenemos en común es la búsqueda de lo exclusivo. En la Antigüedad, la literatura satírica se reía de la delgadez porque sugería pobreza y falta de medios para comer mucho. Por aquel entonces, eran gordos —y estaban orgullosos de serlo— los ricos. El poeta Marcial dejó claras sus preferencias estéticas en un epigrama: "No quiero tener una amiga delgada, cuyos brazos puedo rodear con mis anillos, que me raspe con su rabadilla desnuda y me pinche con su rodilla y a la que le sobresalga en la espalda una sierra". Hoy, en un mundo donde abunda la comida barata y calórica, la delgadez exige esfuerzo, dinero y tiempo libre para cuidar el cuerpo. Por eso se ha convertido en el nuevo canon, y la belleza sigue siendo tan difícil de alcanzar como siempre. Y es que todos deseamos ser lo más atractivos posible, pero, al mismo tiempo, idealizamos lo imposible.

Ser suave

En la vida, nada tan cotidiano como la sorpresa. La realidad nos desconcierta con mucha frecuencia. Pese a nuestra pasión por planificar y calcular, lo previsible sucede rara vez, y, cuando lo hace, suele tener consecuencias inesperadas. Lo sabemos, y, sin embargo, mantenemos un pulso obstinado para que todo ocurra según los planes que hemos ideado de antemano y para conseguir dibujarle los contornos al futuro. Sin embargo, de acuerdo con el pensamiento oriental, este es un combate mal planteado y casi siempre terminará en derrota. La eficacia no es cuestión de imponerse, sino de adaptarse. El maestro chino Lao Tse solía decir que la realidad no es rígida, sino fluida, y para parecerse a ella hay que ser suave. Según él, los hombres nacen blandos, pero muertos son rígidos y duros. También las plantas nacen flexibles y tiernas, pero muertas son quebradizas y secas. Por eso, afirmaba, quien sea rígido será un discípulo de la muerte y quien en cambio sea suave y cimbreante será un discípulo de la vida. Pues lo duro y rígido siempre acaba por quebrarse, mientras que lo suave y flexible prevalece.

El pensamiento chino tradicional aconsejaba no ser intransigente y sacar el mejor partido de las situaciones tal cual son. Habría que vivir igual que se danza, en la misma fusión con las circunstancias que el bailarín con la música y siendo uno mismo sin perder el compás. El sabio es un estratega que vence gracias a que, amoldándose, evita la batalla, y sus victorias son tan sigilosas, tan rítmicas, que nadie se da cuenta. Para una persona suave, el mejor triunfo es el que no se nota.

Animales políticos

Hoy muchos piensan que la política es una actividad lejana y ajena a los ciudadanos, con reglas propias, intereses poderosos en juego y luchas de ambiciones que la separan de la experiencia cotidiana de la gente común. En cambio, los griegos percibían política en todas partes, dando forma y significado a cada gesto de su vida diaria. El ser humano tenía para ellos una decisiva dimensión política, como explica una antigua leyenda.

Se cuenta que los dioses crearon a los seres vivos con tierra y fuego y luego encargaron a los hermanos Prometeo y Epimeteo distribuir entre ellos las distintas capacidades. El atolondrado Epimeteo quiso ocuparse a solas del reparto. Empezó por los animales, intentando que todos tuvieran recursos de supervivencia: a unos dio garras y dientes afilados; a los más débiles, velocidad para huir o un hábil camuflaje. Pero sin darse cuenta gastó las capacidades en los animales y olvidó a la especie humana. Cuando Prometeo vio al hombre desnudo, descalzo y sin defensa, subió al cielo a robar el fuego del rayo para regalárselo a los humanos, que al calor de las llamas dieron los primeros pasos en la civilización. Pero vivían aislados, atacados por las fieras y presa del miedo. Apiadándose, el dios Zeus les regaló la justicia y el sentido político para permitirles formar comunidad. Apoyados en la técnica y fortalecidos por la colaboración, los humanos prosperaron y cambiaron el mundo. El sentido de esta fábula es claro: la política no son las artimañas de unos pocos para conseguir poder, es el arte de poder vivir todos juntos.

Oficio de ciudadano

En un mundo obsesionado por el éxito, algunas voces proponen orillar las asignaturas culturales y humanísticas en los programas de estudios, considerándolas saberes superfluos, sin verdadera aplicación práctica a la vida.

Hay un recorrido histórico detrás de este debate. Las primeras civilizaciones educaban de manera radicalmente distinta a la aristocracia y al resto de la población. Los agricultores y artesanos se transmitían los conocimientos técnicos del trabajo. Solo los nobles, destinados al gobierno, podían permitirse practicar música, poesía y oratoria para brillar en la vida pública. Este reparto de papeles cambió cuando la democracia griega creó un nuevo oficio, hasta entonces inexistente: el oficio de ciudadano. A partir de ese momento, personas corrientes, sin poder ni linaje, empezaron a decidir la política de su ciudad, participando en las deliberaciones y haciendo rendir cuentas a sus dirigentes. Junto al saber práctico, necesitaban educar el pensamiento y la palabra. En un camino lento, con retrocesos, la escuela pública ha conseguido extender la filosofía, la literatura y la historia fuera de reductos minoritarios, ofreciendo a todos las herramientas con las que pensar el mundo y cuestionarlo. Porque, como sabían los griegos, si disminuye entre los ciudadanos el interés por cuestionar, lo sustituyen intereses cuestionables.

La medida del éxito

Oímos hablar sin sorpresa de indicadores y magnitudes que parecen explicar el mundo con la exactitud de una operación matemática. Pero, frente a lo que a veces tendemos a pensar, los números no son siempre neutrales. Para empezar, alguien decide qué medir y cómo, y esa decisión no es inocente: las cifras orientan nuestra mirada y nuestras metas. El famoso índice del producto interior bruto, por ejemplo, establece la riqueza de un país según el valor económico de sus bienes y servicios. Desafiando esa visión del progreso, han surgido alternativas que proponen calcular el nivel de desarrollo también desde el prisma de la educación, el sistema de salud, la cultura, la huella ecológica del consumo o incluso la felicidad.

Hace más de veinticinco siglos, Protágoras escribió: "El hombre es la medida de todas las cosas". Para este filósofo griego, el ser humano, a través de sus sentidos y con el filtro de sus ideas, mide y decide el valor de cada cosa, su mesura o su desmesura. Algunos pensadores han sugerido además que las palabras de Protágoras nos invitan a colocar los ideales humanos en el centro de mira, como pauta ineludible. Según esta lectura, deberíamos negarnos a valorar las formas de vida y los países solo por sus números, su riqueza y sus recursos. Es un antiguo ideal: que las personas puedan tasar las cosas, no las cosas a las personas.

La huida

Una familia debe huir de su país natal para escapar a las matanzas desencadenadas por un gobernante tiránico. Marchan con las manos vacías, oscilando entre el miedo y la esperanza. Les aguarda un viaje azaroso, tierras y lenguas desconocidas y la incierta tarea de recomponer sus vidas en el extranjero. La mujer acaba de dar a luz, el niño es apenas un bebé y el hombre se siente viejo ante la aventura. Podría ser la historia de una pareja de refugiados de nuestros días, pero la escena pertenece al relato bíblico.

El Evangelio de Mateo describe a esa familia amenazada por el peligro huyendo precipitadamente a Egipto para salvar la vida de su hijo único cuando el rey Herodes el Grande ordena matar a todos los niños menores de dos años. Mateo cuenta que permanecieron en el país del Nilo hasta la muerte de Herodes, pero nada dice sobre su estancia allí. No sabemos si fueron bien acogidos o sufrieron rechazo por su origen y su religión, si los acusaron de robar el trabajo a los egipcios. Ignoramos las penurias que soportaron o la ayuda que tal vez recibieron. Quizá convendría recordar que Jesús nació durante un viaje, que fue un joven emigrante y que su suerte dependió del trato reservado a los extranjeros. En Navidad celebramos el nacimiento de un niño que ya desde sus primeros pasos tuvo que hacer frente a las penalidades de la huida, el exilio y el asilo.

Normales

En el patio del colegio se aprenden duras lecciones sobre la jungla humana. Los miembros más frágiles de la manada son señalados y sufren burlas: quienes tienen un defecto físico, los tímidos, los enfermos, los gordos, los feos, los débiles. Es la manifestación temprana de una fobia al diferente que aflora también en los comportamientos adultos, en ocasiones de forma trágica. Desde siempre, el miedo al otro es el semillero de ideas supersticiosas y de casi todas las persecuciones. Los negros albinos, víctimas en África de un siniestro comercio relacionado con prácticas de brujería, o los fenómenos de feria, exhibidos a cambio de unas monedas en los antiguos circos ambulantes, son síntomas de una enfermedad de nuestra mirada.

En el remoto origen de las palabras, los términos latinos *monstrare* ("apuntar con el dedo") y *monstrum* están emparentados: los monstruos son aquellos a quienes señalamos para diferenciarlos, y, por tanto, los creamos nosotros. Al decir que alguien es raro, un miedo primitivo y una desconfianza atávica laten en la voz. Todavía no hemos aprendido a convivir con la fantástica diversidad humana. En efecto, la normalidad es una cuestión estadística y relativa, un disfraz que vestimos para ocultar nuestras propias extravagancias y que nos conduce a vivir encorsetados. Porque todos somos únicos, y eso es precisamente lo que tenemos en común.

Todo ojos

Una mirada es el movimiento más sigiloso y más lleno de significados del que es capaz nuestro cuerpo. Frente a frente con un desconocido, observamos con disimulo sus manos, el pelo, la frente, la ropa, pero evitamos sus ojos por la fuerza que tiene el encuentro de dos miradas. Stendhal recomendaba a los enamorados usar los ojos en los primeros avances de la seducción, porque la mirada todo lo dice, pero, a diferencia de las palabras, no se puede citar. Los antiguos creían que por la mirada se accede al alma, y, para no dejarla huir por los ojos de los muertos, los cerraban con dos monedas destinadas a pagar al barquero que según sus creencias conducía los espíritus hasta el más allá. A través de la mirada vuelan los pensamientos; por eso el Cantar de los Cantares compara los ojos con pájaros: "Son sus ojos como palomas a las orillas del agua, bañadas en leche, posadas en la ribera".

Nuestros ojos son nuestros ejes. Cuando oímos un ruido que nos intriga, dirigimos la mirada a la fuente del sonido. Voraces, los ojos buscan todos los estímulos para apoderarse de ellos. Las palabras que empleamos para nombrarlos nos hablan de su poder cautivador. *Retina* emparenta con *red*. Y la niña de los ojos, la *pupila*, procede de un término latino que significaba "muñequita" (de donde viene también el francés *poupée*) y remite a la pequeña figura de nosotros mismos que vemos reflejada en los ojos ajenos. Quien mira ahí ve su imagen atrapada en un cristal luminoso y coloreado, en una vidriera viva. Si nos acercamos a los ojos de otro, nos veremos asomados al balcón de su mirada.

La máquina del tiempo

¿Nos fascina más el pasado o el futuro? El pasado, habrían contestado sin dudar griegos y romanos de la Antigüedad. Añoraban la Edad de Oro, una época en la que reinaban la justicia, la bondad, la salud y la abundancia. Solo las leyendas conservaban el recuerdo de ese periodo magnífico, el paraíso perdido de los paganos. Los antiguos creían que después se sucedieron la Edad de Plata, la Edad de Bronce y la Edad de Hierro, en un proceso de deterioro imparable. Según sus tradiciones, el paso de los siglos había causado una degeneración gradual, devastando el Edén primigenio y sembrando los males que hoy abruman al ser humano: la codicia, la miseria, la enfermedad y el dolor. Toda esperanza de mejorar consistía en imitar y en revivir las glorias pretéritas. La novedad, en cambio, se miraba con desconfianza, y la innovación se disfrazaba de tradición recuperada. Esta forma de ver el mundo empezó a cambiar en el Renacimiento y se transformó durante la Ilustración. Había nacido la idea de progreso, que animaba a esperar tiempos mejores en el futuro. Desde entonces, las nuevas utopías miran hacia el porvenir. Las tradiciones han perdido prestigio y, cuando queremos alabar algo, destacamos su faceta original e innovadora.

Sin duda, ha sido un gran cambio histórico de nuestros ideales, pero permanece la idea del sueño inalcanzable: ahora, igual que en la época clásica, los tiempos felices parecen quedar lejos de nosotros. Y debemos tener cuidado, ya que, empujado por la nostalgia del pasado o por la impaciencia del futuro, el hoy huye.

Orgullo y perjuicios

Lo peligroso no es, en realidad, equivocarse. Un proverbio antiguo decía: "Tu error de hoy será tu maestro de mañana". El peligro está en la terquedad con la que defendemos nuestras equivocaciones. Después de una gran metedura de pata, hay un momento terrible, el de darles la razón, aunque solo sea con la humildad de una mirada, a las personas que nos avisaron cuando todavía estábamos a tiempo. A veces da la sensación de que escuece más la vergüenza que las pérdidas, y por eso preferimos seguir desbarrando antes que reconocer los daños y así ponerles fin.

Al menos, de esa forma se comporta el protagonista de una de nuestras grandes novelas picarescas, *Guzmán de Alfarache*. Todavía niño se escapa de casa, con ganas de libertad y de conocer mundo. Las experiencias le desengañan pronto. Se da cuenta de la distancia que separa la vida imaginada desde su hogar protegido y la áspera realidad de los caminos y las posadas: "¡Cuánto distan las obras de los pensamientos! ¡Qué frito, qué guisado, qué fácil es todo al que piensa! ¡Qué bien se disponen las cosas de noche a oscuras, con la almohada! ¡Cómo las deshace el sol al salir, igual que flaca niebla de estío, igual que tesoro de duende!". Timado, con la bolsa casi vacía y acusado de ladrón, Guzmán de Alfarache es incapaz de vencer su orgullo, reconocer su exceso de confianza y volver con su madre viuda, que lo quería y "lo cebaba a torreznos y mantequillas". Muchos nos parecemos a ese niño, olvidando que comernos de vez en cuando nuestras propias palabras forma parte de una dieta verdaderamente equilibrada.

Club de lectura

En nuestros tiempos acelerados, todavía sobreviven rituales lentos. Pienso en esa gente original que acaba sus tareas y se dedica a leer, prescindiendo del vértigo tentador de las redes sociales, la hipnosis de las pantallas, los anestesiantes píxeles de colores. Algunas de esas personas asombrosas encuentran a otros adictos a la imaginación y organizan juntos un club de lectura. Como ellos, en siglos de ritmo más pausado, al acabar el día, las familias buscaban la lumbre de las hogueras y de las historias.

Tenemos noticia de un club de lectura ya en el siglo xv. Lo cuenta una curiosa crónica titulada *El Evangelio de las ruecas*. Describe seis veladas en las que varias vecinas de una localidad francesa se reúnen en un lugar y hora convenidos, equipadas con husos, lino y libros. Leen pasajes sobre amoríos, matrimonios y costumbres, y charlan con la picardía y los conocimientos ancestrales de los que se sienten depositarias. Mientras hablan y ríen, tejen con hábiles dedos, como si fueran conscientes de que todo texto es un tejido. Interrumpen, comentan, plantean objeciones, explican sus opiniones, imaginan una realidad distinta. También hoy, pequeños grupos de soñadores imaginan el futuro al calor de los libros, convirtiendo la literatura en conversación, amistad y hallazgo. Saben que, hablando sobre otros mundos posibles, comprendemos mejor el nuestro.

Generosidad recompensada

Cuando llegan años difíciles, todos nos sentimos divididos entre la lucha individual por salir adelante y el deseo de construir una realidad en equilibrio más justo y duradero. Solidaridad y egoísmo son los dos polos entre los que oscilamos en épocas de inclemencias, y, en el fondo, tanto al asociarnos como al ensimismarnos, buscamos lo mismo: estar a salvo. Siempre queda preguntarse por cuál de las dos vías alcanzaremos la seguridad, el añorado refugio.

Los filósofos de la Antigüedad tomaron claro partido ante este interrogante. Aristóteles afirmó que somos seres para la vida en común. No podemos olvidar, aseguraba, los vínculos que ciñen la felicidad a la justicia, el individuo al grupo. Nos conviene formar sociedades donde tengan cabida el cobijo y la seguridad, así expandimos nuestra posibilidad de convivencia y de felicidad. Siglos después, Séneca escribió que la gratitud revierte sobre sí misma: "Todos, cuando favorecen a otro, se favorecen a sí mismos, porque el socorrido querrá socorrer y el defendido proteger, y el buen ejemplo retorna, describiendo un círculo, hacia el que lo da, igual que los malos ejemplos acaban recayendo sobre sus autores". Al hacer un servicio a los demás, contribuimos a crear una red asistencial que, llegado el caso, podrá sostenernos a nosotros mismos. Por separado somos hebras sueltas en una enmarañada madeja, y solo nos protegemos si nos entretejemos. Quién sabe si en las cambiantes fortunas del tiempo, con sus quiebras, devaluaciones y pérdidas, lo que hemos dado resultará ser la más segura de nuestras inversiones.

Presencias reales

Los muertos se aparecen. Caminando distraídos por la calle, de golpe creemos distinguir su figura, a lo lejos, entre la gente. En casa, cuando oímos unos pasos o una llave hurgando en la cerradura, levantamos la cabeza creyendo que regresan. Mientras dormimos, se pasean por nuestros sueños, donde la muerte no tiene dominio. Olvidado en un cajón o entre las páginas de un libro, encontramos sin esperarlo un papel escrito por su mano, que nos habla atravesando largas distancias de silencio. Durante un instante los sentimos cerca, y otra vez nos los arrancan.

Entre los antiguos romanos existía un género literario especial, las consolaciones, para ser leídas en el tiempo del duelo. Séneca escribió dos consolaciones muy íntimas, en primera persona. Esos textos trazan un mapa del dolor, donde todos nos reconocemos; pero del fondo de la pena emerge un pensamiento limpio de angustia: morir es muy distinto de no haber vivido. Los muertos no desaparecen del mundo, impregnan el futuro a través de la gente en la que influyeron mientras estaban vivos. Lo más conmovedor es que Séneca no está hablando de los emperadores enterrados en mausoleos de mármol, sino de aquellos que dejaron huella en su pequeño entorno. Porque lo que somos y seremos se debe en gran parte a personas que llevaron vidas escondidas y descansan en tumbas que ningún turista va a visitar.

Índice

ÍNDICE

ÍNDICE

Alguien habló de nosotros de Irene Vallejo
se terminó de imprimir en el mes de febrero de 2023
en los talleres de
Grafimex Impresores S.A. de C.V.
Av. de las Torres No. 256 Valle de San Lorenzo
Iztapalapa, C.P. 09970, CDMX, Tel:3004-4444